PIÈCES

RELATIVES

AUX DIGNITÉS, A LA VIE ET AUX OBSÈQUES

De Messire

ARNAULD DE PONTAC,

CONSEILLER ÈS CONSEILS D'ÉTAT ET PRIVÉ DU ROI,

ET

Évêque de Bazas.

DEUXIÈME ÉDITION.

BORDEAUX,

IMPRIMERIE J. DUPUY ET COMP., RUE MARGAUX, 11.

1854

PIÈCES

AUX DIGNITÉS, A LA VIE ET AUX OBSÈQUES

De Messire

ARNAULD DE PONTAC,

CONSEILLER ÈS CONSEILS D'ÉTAT ET PRIVÉ DU ROI,

ET

Évêque de Bazas.

DEUXIÈME ÉDITION.

BORDEAUX,

IMPRIMERIE J. DUPUY ET COMP., RUE MARGAUX, 11.

—

1854

NOTICE BIBLIOGRAPHIQUE.

Messire Arnauld de Pontac était de Bordeaux, où sa famille, *qui est des plus illustres,* dit Moreri, a donné des premiers Présidents au Parlement de Guienne.

Sacré à Rome le 18 novembre 1572, il fit son entrée solennelle à Bazas l'année suivante, le jour de l'Ascension.

Arnauld de Pontac fut à la fois un savant et un saint : il avait, pour ses vastes connaissances, été surnommé le *Docteur gallican;* il a mérité, par ses vertus et son inépuisable charité, d'être mis en parallèle avec Monseigneur le Cardinal de Cheverus.

Pendant la famine de l'année 1598, qui fit périr à Bordeaux près de 14,000 malheureux, Messire de Pontac nourrit à ses frais, tous les jours, 2,000 indigents, sans distinction d'âge, d'état et de religion.

Aussi la mort du pieux évêque fut-elle accueillie, non-seulement à Bazas, mais encore à Bordeaux et dans le reste de la Guienne, comme une calamité publique.

Messire Arnauld de Pontac luttait depuis quelques années contre les tortures d'une maladie qui a fait dans la Gironde de nombreuses victimes : il était attaqué de la pierre. Malgré les soins qui lui furent prodigués, il succomba à ses souffrances, et rendit l'âme, non pas le 4 février 1605, comme l'ont dit à tort tous les historiens, mais le 27 février de la même année, ainsi que le prouve d'ailleurs le récit des *honneurs funèbres* rendus à l'évêque.

Les documents que renferme ce recueil sont relatifs aux obsèques et aux derniers moments d'Arnauld de Pontac. Ces pièces ont été imprimées il y a déjà longtemps, mais à un très-petit nombre d'exemplaires sans doute, car il est devenu très-difficile de se procurer aujourd'hui cette collection, qui intéresse cependant au plus haut degré l'histoire ecclésiastique de notre province.

La rareté de cet ouvrage nous a inspiré l'idée de le publier une seconde fois. La première édition, dont celle-ci n'est d'ailleurs que la reproduction fidèle, a dû être imprimée dans le courant du dernier siècle. C'est du moins ce que nous avons cru reconnaître en examinant le papier et les caractères typographiques; car le feuillet sur lequel devaient se trouver le titre, la date de la publication et le nom de l'imprimeur, a été enlevé du seul exemplaire que nous ayons entre les mains : nous en sommes donc réduit aux conjectures.

Bordeaux, 10 mars 1854.

H. R.

A MONSEIGNEUR

L'ARCHEVÊQUE D'AUCH,

Conseiller du Roi en ses Conseils d'Etat et Privé.

MONSEIGNEUR,

*Suivant le commandement qu'il vous a plu me donner par
la vôtre dernière, de vous faire savoir, qu'est-ce qu'on doit
croire des faux bruits qui courent par-delà de la mort de
M. de Bazas, je vous dirai que ce ne sont plus de faux bruits:
c'est, ô malheur! la vérité même. La France a perdu son oracle; vous votre cher et favori confrere; Bazas son pere, son
tuteur, et Dieu tutélaire; moi mon Maître, mon Seigneur,
mon Prélat, mon Mécenas; et auquel, comme j'ai eu l'honneur, durant sa vie, de lui avoir tenu fidelle compagnie, je ne
regrette, sinon qu'à ce coup je la lui ai faussée : qui vis mourant et languissant, et meurs vivant pour n'être plus ce que*

1

j'ai été, pour trouver à dire, non la moitié, mais le tout de
moi-même, coulé d'affection à un mort, qui me traîne plutôt
à soi, que moi lui, ou à un vivant, pour lequel suivre, il faut
quitter la robe de la chair, privé de lueur, de plaisir, de consolation, pour être en l'ombre de la terre, qui plus me possede ou plus je vais avant, et qui plus me fait éclipser, ou
plus je la possede. Et pour mieux vous assurer du tout, je vous
envoie l'extrait de ce qui s'est passé de plus signalé et remar-
quable durant sa maladie, et après sa mort; que j'ai extrait
de la plume du sieur d'Intras, un de mes meilleurs amis : vous
priant de le vouloir regarder de bon œil, tant pour l'amour
et affection que vous avez toujours témoigné audit sieur défunt, que particuliérement en mon endroit. Car je ne puis
assèz louer Dieu, qu'en ce mien veuvage et orphelinage, il lui
a plu me susciter un si bon pere que vous, de l'amitié duquel
comme je sens les effets inespérés, aussi m'étudierai-je de demeurer pour jamais,

MONSEIGNEUR,

Votre très-humble et très-assuré serviteur,

G. DUPUY.

D.   O.   M.

Quo te tam festinus, viator, proripis? Advorte eheu! misellam hominum conditionem. Magnus ille heros, litteratorum apex, Consiliariorum regii consistorii coriphæus, Vazatensium præsul, Gallicorum præsulum decanus, **ARNALDUS PONTACUS**, ubi cælum meritis coæquasset, orbem sui nominis splendore illustrasset, ecclesiam propagasset, religionem catholicam acerrimè propugnasset, proreges Aquitanicos consilio et re juvisset, Hebræam linguam excoluisset, multa Latinè et Gallicè scripsisset, Pontacorum familiam illustrasset, urbi Vazatensi religionem catholicam restituisset, ædem hanc sacram funditùs prostratam erexisset, gratus Deo, hominibus commendatus, omnibus charus, in pauperes beneficus, in omnes munificus, quoniam Eusebium castigando immensa illa præteritorum temporum spatia dimensus fuerat, præsentia accuratè prespiciebat, futura nosse cùm appeteret, nec nisi Deum consulendo assequi posset, ad eum cùm mens ejus sese extulisset, corpus diutinâ factâ morâ diriguit : unde mæsti Vazatenses hîc posuêre.

Inscriptum Sepulchro.

LES

HONNEURS FUNEBRES

De Messire

ARNAULD DE PONTAC,

CONSEILLER ÈS CONSEILS D'ÉTAT ET PRIVÉ DU ROI,
ET ÉVÊQUE DE BAZAS.

C'est chose jugée, et la vérité est telle, que les fonctions pénibles de l'ame, et ces exercices où elle va puiser de la réputation, pour sa soif immortelle, sont communément des occasions de naufrage et de mort au corps, dont elle est l'hôtesse : qui, ne pouvant demeurer debout sous ce faix solide et pesant, cede à cette charge, et prend d'elle la loi de son monument.

L'exemple en est signalé en la personne de Messire ARNAULD DE PONTAC, Evêque de Bazas; Prélat que le vice n'a jamais connu, mais qui s'est toujours fait connoître à la perfection ; lequel aimé des lettres, et aimant naturellement leur conversation, particuliérement à l'arriere saison de ses ans, et lors que la mort tramoit secrétement son tombeau, où donnant ses peines à la correction d'Eusébe, il tint à la Chrétienté ce que ses destinées lui avoient promis de lui. Le corps, organe de son esprit, participa à des indispositions, et notamment de la pierre, qu'atteint de ce mal, ce fut une loi à sa vie de plier bagage, et de quitter les mortels.

A peine s'étoit-il levé des couches de cet enfant spirituel, que les douleurs de cet enfantement renaissent; douleurs sur douleurs, mais plutôt tranchées sur tranchées, qui n'annonçoient pas la venue d'un nouvel ouvrage, mais bien la retraite mortelle d'un pere infortuné, à qui le fils avoit ravi la vie en naissant, et, comme la vipère, crevé le ventre de sa mere à sa nativité.

Pour dissiper ces nuages excités par ce vent pierreux, il veut avoir recours à l'exercice, remede unique, et le plus propre pour renvoyer ces vapeurs. Pour cet effet, il se transporte au Château des Jaubertes, place appartenante à Madame de Sales, veuve de M. de Pontac, son frere, Président aux Enquêtes. Cette maison, distante de Bazas de deux lieues, a pour son ornement les qualités qui peuvent servir au plaisir du corps et des yeux, la riviere de Garonne, qui tient le premier rang des fleuves de France, baignant d'un côté ses remparts, et une face déguisée de paysages aussi fructueux qu'agréables la cernant de l'autre : si bien qu'en ce qui touche la recréation de l'eau, et le profit de la terre, et le contentement et le fruit de tous les deux, on diroit que c'est un coup de la merveille, et qu'en cet ouvrage la nature et l'art se sont entendus, pour faire admirer leurs miracles.

Il arriva en ce lieu des Jaubertes le 20 du mois de Janvier; et comme il tâchoit de convertir les plaisirs de cette maison au bien de sa santé, sa pierre le presse, et cette presse lui fait tenir par force le lit. Aussi-tôt cette rétention est connue des circonvoisins, et se faisant connoître à la Ville de Bordeaux, les Médecins viennent en foule à son secours, persuadés par les lettres du pauvre malade, par les prieres de ses parents et amis, qui vont aussi lui donner de leurs visites, et contribuer tout ce qu'ils peuvent à son allégement : sur-tout ladite Dame de Sales, qui n'épargne rien, de ce qui regarde ses peines, pour le tirer de peine, et lui faire recouvrer son premier repos.

Son Diocèse, averti de sa maladie, le fait visiter à ses Communautés. Le Présidial et Maison de Ville de Bazas y députent, Langon y envoie, Monségur s'y trouve, la Réole et toutes les autres Villes de la Sénéchaussée y commettent; son bien-aimé Chapitre de Bazas y compert, et non-seulement une fois pour toutes, mais toutes les fois que les heures et les jours lui en bailloient la commodité, ne laissant jamais son Prélat sans assistance de quelqu'un de son corps, particuliérement du sieur Dupuy, second Archidiacre et son Confesseur ordinaire, qui avoit charge de ne bouger point d'auprès de lui.

Dès qu'il fut sommé par son mal de garder le lit, il somme sa conscience de penser en Dieu, ne veut point ouir parler des choses du monde, défend que sa souvenance ne soit point éveillée des affaires de sa maison, méprise ce souvenir, et prise seulement les exhortations qui concernoient la mémoire des biens de là-haut, redoublant à ces fins ses exercices ordinaires de dévotion, auxquels il ajoutoit la lecture de quelque livre spirituel, qu'il se faisoit faire par son-dit Confesseur, s'armant par-fois lui-même de quelque beau trait de l'Écriture en forme d'Oraison jaculatoire, lors que la douleur querelloit par trop sa patience, et importunoit son repos.

Le désespoir de la vie lui fait appréhender de mourir; il craint la mort, et aime à vivre, non pour lui, mais pour son troupeau, duquel étant la viande, il étoit à craindre et à croire tout ensemble, que ce mets lui manquant, il manqueroit d'être; et n'étant point, qu'il seroit à son monument. Voilà pourquoi ce bon Pasteur se laisse saisir aux appréhensions de son trépas. Le déplaisir de quitter sa bergerie en une saison qui bailloit saison aux loups, et où ses brébis avoient plus de besoin de sa présence, exige impérieusement des vents de son cœur, et de l'eau de ses yeux; vents sur vents, eau sur eau, qui étant démesurée en sa chûte, noyoit et perdoit son visage vénérable; et comprenant en ce naufrage son poil blanchi de vieillesse, bailloit occasion à ses amis de le plaindre, et à lui de les regretter.

En ces occurrences, qui étoient menaçantes de mort, son Diocèse parle à Dieu pour lui, met en exercice le jeûne, ouvre la porte aux Processions générales, prend le sac et la haire, s'abstient de ses œuvres manuelles, fait des jours de travail des jours fériés, tâchant par ces préservatifs conserver son Pasteur. Il est déterminé qu'il doit quitter la demeure des hommes, et avoir la possession de celle des Anges : voilà pourquoi les vœux et les sacrifices de ses brébis sont impuissants : et ayant disputé sa vie près d'un mois, rend heureusement à la terre ce qu'il tenoit d'elle, et au Ciel ce qu'il avoit à lui.

Chose admirable, cette restitution ne peut être faite sans prodige : et comme au trépas de saint Jean Chrysostome et de saint Athanase, l'orage et les vents honorent sa mort, s'étant levé une telle tempête à la fin, et sur le point qu'il cessa de vivre, particuliérement en ce lieu de sa mort, qu'ouvrant les fenêtres de sa chambre, et se faisant un passage à travers le bois qui les fermoit, elle fit étouffer les flambeaux qui veilloient sa fin ; même les pluies, qui ne s'étoient point fait voir depuis long-temps, parurent avec importunité, dès que ce soleil eut disparu, sans jamais se retirer, qu'on eut mis le corps au cercueil.

Ce trépas advint le 27 du mois de Février, et sur les 6 heures du soir, non sans que le mort se fût premier pourvu des remedes qui regardoient son salut, ayant participé à tous les Sacrements, et notamment à celui du Corps et du Sang du Sauveur, qu'il reçut la larme à l'œil, et l'espérance au cœur, que le Paradis ne lui seroit point fermé. Et pour obtenir cette grace, il implore le crédit des Saints, prie dévotement Dieu pour sa justification, demande pardon à tout le monde, proteste de sa contrition ; oit Messe, et demande la vue de ses amis et de tous ses domestiques, afin de leur imposer la derniere bénédiction de ses mains et de ses levres.

La Communion faite, ledit sieur Dupuy, Archidiacre, et son Confesseur, lui parla de l'Extrême-onction ; il la refuse pour ce jour, disant que la nécessité de son mal ne requéroit pas encore cette extrêmité, qui devoit être réservée pour l'occasion de sa fin : et le lendemain venu, reconnoissant à ses foibles forces que cette finale fatalité s'approchoit, et

qu'il lui falloit donner ses derniers adieux, desireux d'être
pourvu de tout ce qui lui faisoit besoin, pour passer les de-
serts de la mort, et pour arriver à cette terre de promission
acquise à nos Peres et à leurs Enfants, il demande ce Sacrement; et l'ayant reçu, prie ledit sieur Dupuy et autres
Chanoines de Bazas, ses assesseurs, en nombre de six, de
psalmodier jusques à sa fin, affermant que cette drogue étoit
opérative en l'endroit des démons, qui fuyoient la présence
de ce chant, comme font les lions celui du coq : imitant en
cette Psalmodie les préceptes du feu Cardinal de Lorraine,
qui imposa à ceux qui assistoient son trépas, de chanter
perpétuellement sur lui.

Il étoit trop honoré de ceux qui révéroient son mérite,
pour n'être pas satisfait en ses vœux. C'est pourquoi, dès
que ses semonces eurent requis ces Ecclésiastiques d'avoir
recours aux Psalmes, ils lui font preuve de leurs obéissan-
ces : et pour perpétuer ce dévot exercice, et contenter en
cela le requérant, ils le rafraîchissent d'heure à autre, chacun psalmodiant par rang, et jusqu'à ce que la saison de sa
mort étant venue, il rendit et restitua cette belle ame, que
le Ciel lui avoit commise; ame véritablement belle, beauté
véritablement animée, non d'un esprit moyennement capa-
ble, mais d'une capacité parfaite en ses parties, toute sa-
vante, toute sainte, toute pieuse, et dont les qualités étoient
jetées au moule des Anges.

Il faut que ce décès soit manifesté au Chapitre de Bazas.
Pour cet effet ledit sieur Dupuy monte à cheval le lendemain
28 dudit mois de Février avec ses adjoints. Et cet avis donné
à cette désolée Compagnie, veuve de son oracle, et orphe-
line du soleil qui lui bailloit le lustre, elle le communique

aussi-tôt au peuple, par la bouche du sieur Cheré, de l'ordre de Saint-François, prêchant alors le Carême à Bazas,
dont l'éloquence, et les pleurs qu'il donna à la mémoire du
défunt, leverent même tribut sur les auditeurs, qui se laissant frapper à ce récit déplorable et malencontreux, con-
damnoient leurs yeux aux larmes, et leurs voix aux regrets.

Ce discours tenu, il est dit une Messe haute pour le repos
du mort, et est arrêté que ce sacrifice sera réitéré tous les
jours, jusqu'à ce que le corps soit en terre : et non-seulement en son Église Cathédrale, mais par toutes celles de son
Diocèse, comme pareillement aussi la sonnerie des cloches,
députant à ces fins vers tous les Archiprêtres, afin d'y inter-
poser leur devoir, et faire que les Curés, qui dépendoient de
leur soin, ne s'éloignassent pas du leur.

Cet ordre établi, ledit sieur Dupuy est renvoyé par le
Chapitre audit Château des Jaubertes, et pour adjoints lui
sont donnés quatre Chanoines, quatre Prébendiers, et quelques Chantres, pour psalmodier sur le corps, lequel est em-
baumé, pour bailler temps aux choses, qui concernoient ses
honneurs ; et arrivés qu'ils y sont, la salle basse de ladite
maison est tapissée de velours, et les deux basses cours de
drap noir, le tout semé des armes du défunt.

Au milieu de ladite salle, est érigé un théatre à quatre ou
cinq marches, le tout couvert de noir ; et étoient garnies
icelles marches de soixante flambeaux de cire blanche, du
poids de 4 liv. chacun, portés par des chandeliers d'argent.
Et avoit ledit théatre à ses quatre embouchures, quatre
chandeliers noirs, de la hauteur d'un homme, jetants quatre
grands flambeaux d'honneur, aussi de cire blanche, avec les
armoiries au pied, dudit Seigneur.

Au devant étoit dressé un Autel, ayant ses parements de velours noir, croisés de satin blanc, avec les armoiries dudit Seigneur en broderie ès quatre extrêmités. Et étoit garni ledit Autel de quatre degrés semés de chandeliers d'argent, portant chacun sa chandelle de cire blanche, du poids d'une liv., et au milieu de l'Autel étoit une Croix aussi d'argent.

A côté droit, et un peu à l'écart dudit Autel, était une petite Crédence, portant un plat-bassin, deux Burettes, un Calice, une Éguiere, et quatre Encensoirs, le tout d'argent : et à gauche, et à l'opposite de ladite Crédence, étoit dressée une table affublée d'un grand tapis noir, sur laquelle étoit étendue une Chape avec sa Chasuble, et ses Courtibaults de velours noir, avec les offres et Croix de satin blanc.

Au pied du théatre, et entre ses marches et ledit Autel, se voyoit un petit Oratoire, enrichi d'une Croix d'or, avec un Bénitier et Aspersoir d'argent. Et derriere ledit théatre étoit un Pupitre couvert d'un drap noir, garni d'un Graduel, et autres Livres de chant, avec des sieges aux environs pour ceux qui officieraient aussi couvert de noir. Et étoient aussi ceintes de noir toutes les chambres de ladite maison (comme pareillement son escalier), particuliérement les plus honorables, comme celles dé ladite Dame de Sales, et du Seigneur défunt.

Au milieu de la chambre dudit Seigneur étoit un lit d'honneur, bordé jusqu'à terre de velours noir, semé de larmes d'argent, et sur icelui le corps habillé pontificalement, ayant en tête une Mitre, ouvrée à l'Arabesque, enrichie de force pierreries, son Rochet, son Aube, ses Tunicelles, l'Étole, le Fanon, et sa Chasuble d'or, frisé sur frisé, croisée d'un large clinquant d'or, les Gants de soie rouge aux mains, le

Nom de JÉSUS dessus en broderie d'or, un gros Diamant au doigt d'une inestimable valeur, des Bottines de soie aux jambes, et des Sandaux de même étoffe : et à côté sa Crosse couchée, faite avec tant d'artifice, notamment pour l'émail dont elle est façonnée, qu'il ne s'y est point trouvé maître dans le Royaume, qui aye osé prêter sa main à la réparation de quelques pieces, qui y manquent, ayant été souvent portée pour cet effet à Paris, à Rouen et Lyon.

Au bout de ladite chambre, et audevant du lit d'honneur, étoit un Autel, avec son parement de velours noir croisé de satin blanc, et les armes dudit Seigneur en broderie ; et sur icelui deux degrés, portant chacun deux Mitres, l'une de toile d'or pleniere, l'autre d'émail enrichi de perles, et les deux autres, de damas blanc, sans autre luminaire que de deux cierges de cire blanche, portés par des chandeliers d'argent.

Ces choses ainsi disposées, les Prêtres des paroisses circonvoisines sont convoqués, comme pareillement aussi les Religieux Observantins de la Ville de Saint Macaire, les Carmes de Langon, les Cordeliers et Jacobins de la Réolle, avec quelques Religieux de l'ordre de Saint Benoît de la même Ville, les Moines de l'Abbaye de Rivet, de l'ordre de Citeaux, non gueres éloignés de ladite maison des Jaubertes : et arrivés qu'ils furent, on procéda à la translation du Corps, lequel fut porté de sa chambre, à ladite salle du Château.

La cérémonie fut telle ; c'est que lesdits convoqués partirent de ladite salle basse en procession, la croix arborée, et marchand devant ; et à côté, deux enfants de chœur, portant chacun deux chandeliers d'argent, avec leurs flambeaux

de cire blanche allumés. Après marchoient lesdits Religieux
suivant leurs rangs : puis les Prêtres, puis les Prébendiers,
et Chanoines députés par le Chapitre de Bazas : et ensuite,
marchoit ledit sieur Archidiacre Dupuy, revêtu d'aube et
chappe de velours noir, offrée de satin blanc, avec les armoiries dudit Seigneur, assisté de Diacre et sous-Diacre, revêtus aussi de dalmatiques ou courtibauts de velours noir,
offrés de satin blanc avec armoiries; et ledit sieur Dupuy
portant une croix d'argent à la main.

Après suivoit le sieur de PONTAC, Conseiller au Grand
Conseil, neveu dudit Seigneur défunt, et fils unique de ladite Dame de Sales, assisté de quelques Conseillers en la
Cour de Parlement de Bordeaux, ses parents, et de quelques
Gentilshommes du pays, et autres du tiers État, qui s'y
étoient trouvés par honneur : comme pareillement les ser-
viteurs-domestiques dudit Seigneur défunt. Ladite Dame de
Sales marchoit après, toute éplorée, avec les Dames Dosi,
et Présidente de Lalane, ses sœur et fille, et plusieurs autres
Dames et Demoiselles ses parentes : et monterent avec cet
ordre, à la chambre dudit sieur défunt, par le grand degré
du Château, où fut chanté sur le Corps, *Subvenite Angeli,*
en musique : puis fut pris par six Prêtres, revêtus de chappes noires offrées de blanc, et descendu avec le même ordre
qu'on étoit monté dans ladite salle basse. Où ayant fait une
stance, et reitéré le motet chanté dans la chambre, il fut
élevé sur le théatre : et l'office des morts dit à son repos; la
Messe fut chantée en musique, et à la fin *Libera me* avec
De profundis; pendant lequel, ledit sieur Dupuy officiant,
encensa toujours le tour dudit lit d'honneur.

Dès le lendemain, les habitants des Villes voisines s'y

trouvent en foule pour prier Dieu sur le Corps : l'injure du temps, qui étoit extrêmement importune, occasion des pluies fréquentes, ne les arrêtant point, non plus que les Demoiselles et autres femmes des Villes de Saint Macaire et Langon, qui donnerent leurs peines à cette dévote action, la continuant quasi tous les jours, que ledit Seigneur défunt fut veillé dans ce lieu.

Des Religieux susnommés, aucuns eurent leur congé, les autres furent retenus pour vaquer jour et nuit aux exercices de dévotion : et fut arrêté par lesdits sieurs députés du Chapitre, qu'ils Psalmodiraient sans chant. A quoi un d'entr'eux prenoit garde, et à rafraîchir d'heure en heure les chantants, afin que ledit office fût perpétué. Et l'heure de vêpres venue, tous se rendoient dans ladite salle; savoir, lesdits sieurs députés avec leurs surplis, aumusse et bonnet carré, les Prébendiers avec leur aumusse noire, et autres marques de leur profession, et pareillement les Chantres, et autres Prêtres en habit décent, qui séants de côté et d'autre sur des bancs de deuil, dressés entre l'Autel et le théatre, chantoient les sept Psalmes, puis les Psalmes Graduels au chant irrégulier.

Cela fait, vêpres des morts étoient dites, et les concluoit-on par *Libera me* et *De profundis* en musique : puis succédoit la Psalmodie basse desdits Religieux, séants nuit et jour d'un côté et d'autre du théatre.

Le 2 de Mars, et dès que le jour fut éclos, on commença à dire des Messes en ladite salle basse, et fut cet office célébré par lesdits Religieux et Prêtres fort dévotement, chacun à son tour : et les dix heures venues, tout le Clergé étoit convoqué pour chanter Matines et Laudes des morts, puis la Grand'Messe étoit en dite musique, ainsi que le jour précédent.

Cette cérémonie fut inviolablement gardée jusqu'au 9 dudit mois, jour assigné pour porter le corps dudit Seigneur à Bazas ; et ayant été continués ces exercices dévots toute la matinée, l'après dînée on se met en chemin, invités par l'arrivée d'un nouveau beau temps, qui se leva inopinément, la matinée ayant été extrêmement mouillée, et avec orage, comme pareillement aussi toutes les journées qui s'étoient passées depuis le décès dudit Seigneur ; Dieu, dont les conseils et les jugements sont sacrés et saints, ayant commandé extraordinairement aux pluies de se retirer, afin de ne troubler point la conduite du Corps de son serviteur. Ce qui ne doit pas être imputé à petit miracle, au moins parmi les gens de bien, qui donneront toujours ce titre miraculeux à cet ouvrage de sa préscience.

Pour donner à cette conduite l'éclat qu'il lui falloit. les Religieux congédiés sont rappelés; aussi sont mandés les Archiprêtres circonvoisins, avec les Curés, qui dépendoient de leurs Archiprêtrés, pareillement le Doyen de l'Église collégiale d'Useste, avec quelques Chanoines de son Chapitre : et arrivés qu'ils furent, tant eux, que ceux qui étoient déjà audit Château des Jaubertes, partirent dudit lieu en cet ordre.

Premiérement, marchoit une grande croix d'argent, voilée d'un crêpe noir, et à ses côtés, deux Prêtres, revêtus de chappes noires, offrées de blanc avec armoiries dudit Seigneur : après suivoient les Cordeliers de la Réolle et St Macaire, deux à deux, puis les Carmes de Langon en même ordre, après les Jacobins de ladite Ville de la Réolle, puis les

Moines de l'Abbaye de Rivet, de l'ordre de Citeaux, après les Religieux de St. Benoît de ladite Ville de la Réolle, puis les Curés, après les Archiprêtres, ensuite lesdits Chanoines et Doyen d'Useste, puis les Prébendiers et Députés du Chapitre de Bazas; lesquels à cause de la longueur du chemin, étoient montés sur des haquenées enhoussées, tous (tant eux que lesdits Chanoines et Doyen d'Useste, qui étoient aussi en housse), étant habillés de leurs surplis, aumusse et bonnet quarré, comme aussi pareillement lesdits Curés et Archiprêtres.

Ces gens marchant ainsi en habit décent, et en ordre ecclésiastique, suivoit cinq ou six pas après, tout seul, l'Aumonier dudit Seigneur défunt, le bonnet carré à la tête, revêtu de son surplis, avec la Crosse dudit Seigneur à la main soutenue par le bas, d'un petit forreau noir; qui étoit attaché à l'étrieu; étant ledit Aumonier sur un cheval tout caparaçonné de deuil, ne montrant que les yeux.

Suivoit après, le corps dudit Seigneur, porté par un brancard revêtu de deuil : et ledit brancard, par deux mulets aussi caparaçonnés de noir, comme le cheval de l'Aumônier : et étoit voilé le milieu dudit brancard, où le Corps étoit, d'un grand drap de velours noir, traînant jusqu'à terre, croisé de satin blanc, avec armoiries en broderie.

De côté et d'autre, marchoient quarante hommes avec robbes longues de deuil, ayant capuchon; desquels, six aidoient à porter le cercueil pour soulager les mulets, et étoient rafraîchis de quart en quart de lieu; et portoient ceux qui n'étoient pas employés à ce soulagement, de grands flambeaux d'honneur de cire blanche, qui brûloient toujours par le chemin.

Derrière ledit brancard, et ensuite, marchoient les Officiers dudit Seigneur sur des chevaux aussi bardés de deuil ; après venoit le sieur de Pôntac, héritier et neveu dudit Seigneur, assisté de quelques Gentilshommes du pays, et de tout plein de Bourgeois des Villes de la Réolle, Cauderot, Gironde, St. Macaire et Langon, venus pour honorer le convoi ; faisant les tous plus de deux cents chevaux. Et un peu après eux, suivoit ladite Dame de Sales dans une litière ; suivie de deux carosses, où étoient les Dames Dosi, sa sœur, et Présidente de Lalane, sa fille, avec tout plein d'autres Demoiselles, ses parentes.

Sur le chemin, et comme on sortoit de la terre des Jaubertes, se trouvent les députés de la Ville de Bazas, faisant environ cent chevaux, conduits par le premier et second Jurats, marqués de leur livrée ; lesquels pour honorer le Corps de leur Pasteur, qu'ils avoient uniquement aimé durant sa vie, et qu'ils ne pouvoient haïr à sa mort, lui étoient allés au devant. Et rencontré qu'ils eurent le Corps dudit Seigneur, mirent pied à terrre, en signe d'hommage, qu'ils rendoient à la mémoire du défunt, et par honneur furent baiser les mains audit sieur de Pontac, lequel étant descendu de cheval, pour les recevoir avec honnêteté, dont il fait profession ; ledit premier Jurat prit la parole pour tous, et lui parla ainsi :

Monsieur, nous sommes venus joindre notre deuil au vôtre, et rendre à la mémoire de défunt Monsieur de Bazas, notre très-honoré Pasteur, ce qu'elle méritoit de nous : et non de nous simplement, mais de tout le général de notre Ville de Bazas, qui à la place de cette perte, vient subroger ses services, afin de les accommoder à tout ce que vous aurez agréable.

Cela dit, ledit sieur de Pontac répondit :

Monsieur, les larmes seront toujours bien séantes à vous et à moi; à vous, pour avoir perdu une personne qui vous étoit extrêmement nécessaire; à moi, pour avoir fait perte de la vie de notre maison, et de celui qui la préservoit de mort en terre. Si Dieu vous eût conservé celui que nous regretons, vous n'eussiez point eu besoin d'appui : mais à la place de cette privation, vous substituerez, s'il vous plaît, ce peu de croyance que j'ai, qui embrassera toujours les occasions qui pourront servir au général, et au particulier de votre Ville.

Après quelques autres offices d'honnêteté rendus de part et d'autre, on remonte à cheval : et trouvoit-on à millier des paysans sur le chemin, qui, avec leurs femmes et leurs enfants, venoient pleurer sur le Corps. Et arrivé que fut ledit convoi, à un quart de lieu de Bazas, où est une Chapelle, le Clergé de ladite Ville le reçoit, s'étant rendu là en procession, avec tous les autres Archiprêtres et Curés du Diocèse, en nombre de deux à trois cents, assistés des officiers-Magistrats de ladite Ville, des deux autres Jurats, et du reste des Bourgeois, et du menu peuple : lesquels, avec la plupart des femmes de ladite Ville, qui assistoient aussi à cette piteuse cérémonie, faisoient plus de mille à douze cents personnes.

Ladite Chapelle étoit tendue de noir avec armoiries dudit Seigneur, notamment la partie qui envisageoit le chemin. Et comme ce lieu étoit la place assignée pour favoriser cette lugubre réception, les députés du Chapitre, et autres du Clergé, qui étoient à cheval, mettent pied à terre; comme pareillement aussi les Officiers dudit Seigneur défunt le sieur de Pontac avec tous ses assesseurs, les Dames et Demoiselles, qui étoient en carosse. Et comme on fut à terre, est fait une petite halte devant ladite Chapelle, pendant lequel, fut chanté *Libera me*, par les chappiers dudit Chapitre, puis *De profundis*, par la musique.

Ce chant achevé, un silence général est accordé, et le sieur Dupuy, Archidiacre, parlant au nom des députés dudit Chapitre, fit entendre tout haut au Clergé, qu'ils amenoient le Corps de feu Monsieur de Bazas, leur Pasteur : de quoi il leur pouvoit rendre preuve, pour avoir été présent à ses derniers soupirs, et veillé continuellement ledit Corps, sans interruption de temps : que le plus grand honneur, dont ils se pouvoient prévaloir à son occasion, étoit le desir, qu'il avoit eu en mourant, que ses cendres fussent aussi chérement logées chez eux, comme vivant, il les avoit obséquieusement aimés, ayant voulu que mort et envie, leur couvert fut celui de ses os; partant, qu'ils leur exposoient ses reliques, les exhortant à leur tendre les bras, et à ne leur pas être ingrats des derniers offices, qu'ils doivent à leur repos.

Ce discours tenu, le Clergé se mit en rang, et la musique commença à entonner en faux-bourdon les Psalmes pénitentiaux, le reste dudit Clergé, lui répondant alternativement : et en cet ordre musical et plénier, on arrive en ladite Ville de Bazas, de laquelle les cloches sonnoient à ce convoi : et les habitants d'icelle, qui n'étoient pu aller au devant du Corps, se tenant en haie, tant ès rues, que place de ladite Ville, qui est une des plus belles, et des plus spacieuses qui se puissent.

Arrivé qu'on est en la maison Episcopale, ruinée avec l'Eglise Cathédrale, à laquelle elle est jointe, par les ennemis de la Religion Catholique; mais rebâtie par la libéralité dudit Seigneur , on monte le Corps par le grand degré tendu de noir avec armoiries : et rendu qu'il est en la salle Synodale dudit Château , il est couché sur un théatre haut, élevé, dont la description est telle.

Premiérement, étoit ledit théatre ou lit d'honneur assis sur huit marches en quarré, et lesdites marches et lit d'honneur voilés de noir. Sur icelles paroissoient cent flambeaux de cire blanche, brûlants nuit et jour, portés par des chandeliers d'argent : et ès extrêmités du premier degré, étoient quatre gros chandeliers noirs de cinq pieds de hauteur, jetant aussi quatre gros flambeaux d'honneur de même cire, lesquels ne s'éteignoient jamais. Ladite salle étoit tapissée d'une tente de velours noir, enrichie d'une ceinture d'armoiries, semées pied à pied, et alloit ladite tente, depuis le pied de ladite salle, jusqu'au lambris, qui étoit aussi tendu de noir. Du milieu duquel, et sur la partie qui regardoit le haut du théatre, tomboit un pavillon ou dais de satin blanc, frangé d'or, semé de larmes noires en forme d'hermines : sous lequel étoit à couvert le Corps dudit Seigneur, revêtu comme au château des Jaubertes de ses habits pontificaux.

Au devant dudit théatre, étoit un Autel assis sur quatre marches, et icelles couvertes de drap noir; comme pareillement aussi le haut et le bas dudit Autel d'un parement de velours noir, croisé de satin blanc, avec armoiries. Et sur icelui Autel étoit une disposition de lumiéres en piramide, portée par des chandeliers, moitié d'argent, le reste d'argent doré; et pour tout autre ornement, deux coussins de velours noir ès deux extrémités.

A côté, vers la main droite, étoit une crédance garnie de l'argenterie dont ledit Seigneur se servoit lors qu'il officioit

pontificalement, comme Burettes, Calices, Encensoirs, Na-
vette, Plat-bassin, Bocal, Boite d'hosties, Clochette, Ciboire, la plupart d'or, le reste d'argent doré : et étoit bar-
dée ladite crédance jusqu'à terre de velours noir, avec armoiries.

A gauche, paroissoit une table couverte d'un grand tapis
noir avec larmes blanches, sur laquelle étoient les ornements
destinés à l'office du défunt : et comme tous les peuples, qui
assistoient au convoi, tant Ecclésiastiques que Laïcs, furent
entrés dans ladite salle, et ledit Seigneur logé publiquement
dans son lit d'honneur, l'office des morts fut chanté par toùt
le Clergé ; et icelui fini, le sieur de Pontac, premier Archidiacre, prit un aspersoir, et s'approchant du théatre, dit un
Absolve, avec grande révérence.

Il fut suivi par le sieur Dupuy, aussi Archidiacre, et ledit
sieur, par les Chanoines, et autres du Clergé, qui y furent
tous porter cette pierre avec le même respect : et rendu
qu'ils eurent ce pieux devoir, et le reste des Laïcs prié Dieu
pour le repos du mort, tout le monde se retire, exceptés
quelques-uns, qui y sont laissés pour Psalmodier bassement.

A même temps le Chapitre se tient sur l'ordre qu'on devoit garder, pour veiller continuellement le défunt. Il est
résolu, que de trois en trois heures, quatre Chanoines s'y
trouveroient avec leur habit de deuil, assistés de deux Prébendiers et de six Chantres ; qui est inviolablement observé
et de nuit et de jour, la grande cloche avertissant à ces fins,
ceux qui succédoient, à ceux qui devoient être relevés. Et
le lendemain venu, et sur les neuf heures du matin, ledit
Chapitre revêtu de son habit de deuil, marchoit vers ledit
Château en procession, avec ses Prébendiers, ses Chantres

et Chapelains, la Croix arborée et revêtue de noir, et à côté, six enfants de chœur, portant chacun un chandelier d'argent à la main, avec torche de cire blanche allumée. Et arrivés qu'ils étoient en ladite salle Synodale, prenoient place en des siéges, qui étoient dressés entre le théatre et l'Autel, aussi revêtus de deuil; et ainsi assis, chantoient l'office des morts. Après lequel la grand'Messe étoit dite en musique, officiant un desdits sieurs Chanoines : et retirés, y retournoient le soir sur les quatre heures avec le même ordre, pour chanter Vêpres des morts, lesquelles avec ladite Messe, étoient conclues par *De profundis,* en faux-bourdon.

La plupart des Bourgeois et autres de ladite Ville se trouvoient à cet office : sur-tout ledit sieur de Pontac, héritier et neveu dudit Seigneur : comme pareillement aussi ladite Dame de Sales, sa mere, et autres Dames et Demoiselles ses parentes. Et fini qu'étoit ledit Office, chacun revoyoit sa maison, excepté ceux qui étoient en rang de Psalmodier : lesquels continuoient leur charge, toutes ces cérémonies étant réitérées à la même heure, durant huit jours, que ledit Seigneur demeura sur son lit d'honneur.

Cependant tous les Ecclésiastiques étrangers furent congédiés jusqu'au 17 du même mois de Mars, jour ordonné pour l'Enterrement du défunt; et icelui venu, ils comparoissent, pareillement aussi tout plein de Religieux volontaires de Bordeaux, dont l'affection et le zèle honoroit particuliérement la mémoire du mort; entre autres le sieur Maillardon, Prieur des Jacobins de ladite Ville, avec plusieurs de son ordre, le Prieur des Carmes avec bon nombre de ses compagnons, et les meilleures voix des musiques de Saint-André et Saint-Seurin.

Vinrent aussi de ladite Ville, (éloignée de celle de Bazas de neuf grandes lieues), force particuliers, poussés par le desir de voir les honneurs funebres d'un si grand Prélat, connu d'un million d'ames qui n'eurent jamais sa connoissance, singuliérement les sieurs de Montagne, de Gaiac, Demons, et de Montplaisir, Conseillers en la Cour de Parlement. De Condom vint le sieur Evêque d'Aure pour faire l'Office; de Saint-Emilion, suffragant de l'Archévêché de Bordeaux, furent envoyés des députés, tant du Chapitre que du Corps de la Maison commune. Finalement toutes les Villes du Diocèse dudit Seigneur, y commirent de leurs Jurats et Echevins.

Ledit jour venu, tout le Clergé se rendit en l'Eglise Cathédrale en habit décent, tant les Ecclésiastiques diocésains qu'étrangers : pareillement aussi une multitude de peuple, pour prendre place de bonne heure. Et assemblé ainsi qu'il y fut, il marche en procession vers ledit Château. Les mendiants, marchant chacun selon son rang, avec croix affublée devant chaque ordre : puis suivoient les Archiprêtres et les Curés du Diocèse, selon l'ordre qu'ils ont accoutumé de tenir au Synode : ensuite venoient les députés des Eglises Collégiales, après les Chapelains et Chantres de l'Eglise Cathédrale, puis les Prébendiers et Chanoines de ladite Eglise, et quatre ou cinq pas plus bas, marchoit ledit sieur Evêque d'Aure, habillé pontificalement d'une Mitre de damas blanc, Tunicelles de taffetas noir, avec chappe de velours plein, offrée de satin blanc avec armoiries en broderie.

A ses côtés, et pour assesseurs, il avoit MM. le Chantre et Ouvrier de ladite Église, revêtus chacun d'une chappe de velours plein, aussi offrée de satin blanc, avec armoiries en broderie; et devant lui, les sieurs de Bréteau et Dujonca, Chanoines, faisant le Diacre et sous-Diacre, couverts de courtibauts de velours noir, offrés de satin blanc, avec pareilles armoiries. Devant lesquels marchoient encore leurs assistants, portant leurs aumusses, habillés de courtibauts de la même étoffe; tous lesquels ornements avec les susnommés, furent faits aux frais et à la diligeuce de ladite Dame de Sales, qui n'épargna rien de ce qui pouvoit servir à recommander le défunt.

Arrivés donc qu'ils furent audit Château Épiscopal, *Subvenite* est chanté, et à même temps tout le Clergé se mit en haie, pour donner passage à la pompe funebre, qui fut telle.

Premiérement marchoit un maître de Cérémonies, revêtu de deuil, avec un bâton noir à la main; puis suivoient cent pauvres, deux à deux, habillés de robbes longues de deuil avec capuchon, portant chacun un flambeau de cire blanche allumé, du poids de 4 livres, et sur iceux des écussons ou armoiries d'argent fin. Suivoit après ledit Clergé au même ordre que dessus; puis venoient MM. du Chapitre, et ensuite le Corps dudit Seigneur défunt, porté avec son effigie, (habillée pontificalement, et comme quand il officioit), par les Prébendiers de ladite Église, revêtus d'Aubes blanches, et les extrêmités soutenues par les sieurs Archidiacres de Pontac et Dupuy, et deux Chanoines dudit Chapitre, et ce au chant d'une continuelle musique, qui raisonnoit devant le Corps.

Devant ledit Corps, marchoient les Aumôniers dudit Seigneur, l'un desquels portoit sur un grand coussin de velours noir, des Burettes d'argent, l'autre le Calice avec sa Patene, et le troisieme la Crosse, lesdits Aumôniers étant préalablement revêtus de leurs surplis, avec capuchon de deuil ravalé.

De côté et d'autre dudit Corps, marchoient douze cires d'honneur, du poids de 50 liv. chacun, enrichis aussi d'écussons d'argent fin : leurs porteurs étant pareillement habillés de longues robes de deuil capuchonnées.

A côté aussi dudit Corps marchoient les Officiers de la maison dudit Seigneur, en nombre de trente-six avec chaperons et manteaux de deuil : particuliérement le maitre d'Hôtel et le Secrétaire, dont le premier ayant son épée ceinte au côté, portoit un coussin de velours noir, sur lequel étoit le Chapeau Épiscopal dudit Seigneur, de couleur noire, avec houpes et garnitures vertes, duquel il se para, quand député du Clergé de France, il fut au devant du feu Cardinal de Florence, alors Légat du Saint Pere vers sa majesté très-Chrétienne, et depuis Leon XI, tenant le siége de Rome : l'autre, sa cornette de Conseiller d'Etat et Privé, sur un coussin aussi de velours de la même couleur.

Puis venoit ledit sieur Évêque d'Aure avec sesdits assistants, suivi dudit sieur de Pontac, Conseiller au grand Conseil, héritier et neveu dudit Seigneur défunt, revêtu de deuil, et dont la queue traînante et longue, étoit portée par deux de ces hommes habillés aussi de deuil. Et étoit mené ledit sieur de Pontac par les sieurs de Montaigne et Gaiac, Conseillers au Parlement de Bordeaux.

Suivoient après, les autres Conseillers dudit Parlement, secondés des Lieutenants Général et Criminel, et autres Officiers du Présidial de ladite Ville de Bazas, puis les Juges ordinaires, après le Procureur du Roi en la Prévôté, avec le Prévôt de l'Église, les quatre Jurats venoient avec la robe mi-partie de noir et de rouge suivis de leurs quarante Conseillers, et ensuite marchoient les députés des Villes de la Sénéchaussée, avec le reste des Bourgeois et autres Habitants de ladite Ville.

Ladite Dame de Sales, dont les yeux fournissent des pluies éternelles pour tremper dignement les cendres du mort, suivoit après toute éplorée, et à ses bras etoient deux Gentilshommes, qui soutenoient son deuil. Pareillement les Dames Dosi, de Lalane, et d'Availle, qui la suivoient, étoient aussi menées par des Gentilshommes, puis venoient des Lieutenants de la dite Ville, après les femmes desdits Officiers Présidiaux, finalement toutes les autres dudit lieu : lesquelles ne donnoient pas moins de larmes à la mémoire du défunt, que celles qui lui étoient proches.

Avec cette pompe, on fait le circuit de la place de ladite Ville, à laquelle ladite maison Épiscopale est adjacente; et arrivé qu'on est en ladite Église Cathédrale, lesdits cent pauvres préalablement rangés en haie dans la nef pour laisser passer le convoi, on met ledit Seigneur sur un cercueil haut, élevé dans une Chapelle ardente, dressée au milieu du chœur : sur laquelle brûloient 500 cornaliers de cire blanche, du poids d'une liv. et étoit ladite Chapelle tout plein spacieuse, et enrichie par le haut de sept piramides, faites à petite colonnes, jetant de leurs pointes des croix de Lorraine doubles, soutenant des cierges allumés.

Le dedans de ladite Chapelle étoit garni d'une ceinture de velours noir, semée d'armoiries, et sur les extrémités d'icelle, aux quatre coins de ses balustres, étoient des siéges occupés par quatre Vicaires, vêtus d'Aubes blanches, gardant le Corps. Aussi étoit tout le chœur et nef de ladité

Église garni de luminaires de même cire, et du même poids, portées pied à pied par une corniche faite exprès, de laquelle se laissoit tomber une ceinture de velours entre deux de drap, semé ledit velours d'armoiries, et écussons dudit Seigneur.

Le cimetiere, qui n'est pas des plus petits, et qui sert comme de basse-cour à ladite Église, étoit aussi tendu d'une ceinture noire, semée d'armoiries : et à l'entrée de ladite Église, et sur son frontispice étoit un grand tableau noir, montrant les armes dudit Seigneur, qui sont un pont d'argent en champ de gueules, un lac passant par dessous, et étoient portées lesdites armoiries par deux griffons.

Le létrié de ladite Église était couvert d'un grand tapis noir, semé de larmes blanches, pareillement le banc des Chantres, logé vis-à-vis, comme aussi les siéges de la musique, disposés de côté et d'autre; les Prêtres, autres que ceux de ladite Église, ayant pris place ès galeries du chœur, afin de laisser le dedans libre aux députés des Villes de la Sénéchaussée, et habitants de ladite Ville de Bazas : et delà avant ils participoient aux fruits sacramentels de la Messe, qui se disoit au grand Autel par ledit sieur Évêque d'Aure, habillé ainsi pontificalement comme dit est : ledit grand Autel étant prélablement orné haut et bas d'un parement de velours noir, croisé de satin blanc, avec armoiries en broderie ès quatre extrémités, et le dessus d'icelui garni de douze gros chandeliers d'argent, portant des cornaliers de cire blanche, enrichis aussi d'armoiries.

Sur icelui étoient aussi deux des Mitres dudit Seigneur, l'une de toile d'or plenier, l'autre d'émail en broderie de perles, et devant elles, des coussins de velours noir, pour servir audit sieur Officiant; la Crédance qui étoit à son côté, étant ornée de deux autres Mitres de damas blanc, avec des chandeliers d'argent, Burettes, Calices, Ciboire, et autres pieces de l'argenterie dudit Seigneur défunt. Et la Messe dite avec tout l'éclat qui se pouvoit, et qui touchoit au mérite du mort, l'Oraison funebre fut prononcée par ledit sieur Archidiacre Dupuy : après laquelle ledit sieur Évêque d'Aure vint à la porte de la Chapelle ardente, et pria sur le Corps, puis entra dedans, et mis beaucoup de temps à encencer le tour du cercueil, pendant lequel la musique chanta toujours, et fut continué ledit office les deux jours suivants avec la même cérémonie, par ledit sieur Évêque; et après son départ, durant toute l'octave, par un des Chanoines.

Or, étoit aussi parée de velours noir, avec armoiries en broderies, la chaire où fut prononcée ladite Oraison funebre, pareillement aussi les quatre Anges qui sont sur des pilliers de bronse au-devant dudit grand Autel, étoient voilés de noir, portant chacun à la main les armes dudit Seigneur. Ét toutes les cérémonies achevées, le Corps fut mis dans son lieu de repos, à la main droite dudit grand Autel. le jour que le défunt même avait choisi par son testament et derniere volonté et qui lui fut bâti à neuf, aux frais et à la diligence de ladite dame de Sales, comme aussi toutes les choses qui appartenoient au mérite desdits honneurs, où elle ne porta point une main avare, non plus qu'à la nourriture et entreténement des convoqués étrangers, tant Ecclésiastiques que Laïcs, qui furent tous défrayés à ses dépens, sans y être obligée, que de sa seule volonté, et affection qu'elle portoit au mort.

Aussi contribua-t-elle à toutes les aumônes qui se dis-

tribuerent pour l'âme du défunt, pendant que le Corps étoit
sur son lit d'honneur, et durant que les trois offices de son
Enterrement furent faits. Et fut ladite aumône jusqu'audit
Enterrement, d'un sol de pain, et les trois jours des Honneurs, de deux sols, qui étoient distribués chaque jour
à plus de 3000 pauvres, par un des Bourgeois de ladite
Ville, à ce député. Aussi fraya aux frais du voyage des Prêtres étrangers, comme parcillement à la sonnerie des cloches,
qui fut faite sans intervalle par tout le Diocèse durant dix-
sept jours, que le Corps demeura sur terre, singuliérement
en ladite Ville de Bazas, et Eglise Cathédrale d'icelle, où la
chante-pleure sonna perpétuellement. Même qu'en quatre
divers temps; à savoir, le matin, au midi, le soir et à la
mi-nuit, toutes les cloches sonnoient conjointement trois diverses classes, l'espace de demi-heure chacune.

Telle fut la fin de ce grand Évêque, tels ses Honneurs, et
tel le deuil que ses amis donnerent à sa mort. Et parce que
cette perte ne peut être assez célébrée par les larmes humai-
nes, nous prierons les Anges d'en faire le sujet de leur gloire;
et ouvrant les portes du Ciel à son ame sainte, se glorifier
en son heur, et faire dire avec David à leurs lyres célestes:
*Seigneur, c'est vous qui faites grace aux mortels; c'est vous
qui les délivrez de la dent du lion : que votre miséricorde est
admirable, et votre Nom Saint, devant les lignées qui peu-
plent les terroirs de Juda et Israel! ô Seigneur, que vous
êtes grand, et environné de puissance.*

FIN.

ORAISON FUNEBRE

De Messire

ARNAULD DE PONTAC,

ÉVÊQUE DE BAZAS,

Prononcée par Monsieur M. G. Dupuy, Chanoine, et second Archidiacre de Bazas.

Pardonne-moi, Peuple Bazadois, si ayant l'honneur d'être ton concitoyen, j'ai osé avoir le courage d'accompagner de ma langue ce triste et funeste appareil, et comme l'aviver et animer, pour t'exprimer par parole ce que la douleur vouloit être signifié tacitement par cette pompe funebre. Pardonne-moi, je te prie, si j'ai entrepris de t'entonner le plus lugubre cantique, que tu ayes jamais entendu. Pardonnemoi, je te suplie encore une fois, si en une tristesse si générale et universelle, mon cœur s'est pu épanouir, pour t'annoncer la plus pitoyable, la plus fâcheuse, la plus déplorée, et la plus piquante nouvelle qui t'aye jamais été rapportée.

C'est que ce grand colosse, non tant richement pourfilé, et dépeint avec l'émail de belles paroles par Daniel, qu'en

effet magnifiquement et somptueusement étoffé, le respect
de nos Rois, l'épouventail des ennemis du peuple de Dieu
et catholique, l'appui et soutien de l'Église gallicane, l'oracle de la France, le recours des affligés, la lumière des Ecclésiastiques, l'honneur des Prélats, le soleil de vertu, le
miroir de dévotion, assorti et composé des plus riches mé-
taux qui se puissent voir; dont la tête n'étoit qu'or en jugement et prudence, la poitrine qu'argent en netteté, pureté et
chasteté, les cuisses qu'airain en fermeté et constance, les
pieds que terre en reconnoissance de la vieillesse et infirmités
humaine; je l'ai vu, je l'ai vu renversé, abattu, et froissé par
une méchante petite pierre, non plus grosse qu'une amande;
pierre non tirée et coupée d'un rocher, par main d'homme,
non cheute du Ciel, non composée par art, mais par l'égout
et corruption de la nature : tellement que celle même qui lui
devoit être plus favorable et desireuse d'entretenir ce beau,
ce riche et entier édifice que si curieusement elle avoit moulé
et bâti ; c'est elle-même, qui par je ne sais quelle inimitié
en a procuré la démolition et ruine. Et encore qu'elle sem-
blât avoir fait naître tant de pierres souveraines au centre
de la terre, et au ventre des animaux, comme néfrétiques,
pierres étoilées, befouars, pour son entretien et conservation : néanmoins avec un petit calcul, a voulu ruiner ce
qu'en apparence elle tenoit si cher et précieux.

C'est que ce grand cedre, (à l'ombre duquel tant de gens
vivoient, ès branches duquel nichoient tant de belles âmes
avec leurs bons desirs; sur le tronc duquel tant d'affligés
s'appuyoient; l'odeur duquel attiroit tant de gens à aimer
Dieu et à la vertu; la hauteur duquel servoit de guide et de
fanal à tous les Ecclésiastiques), a été mis par terre, et nous

en avons plutôt senti la chûte, que nous n'ayons apperçu ni la cognée, ni la main qui a fait le coup.

C'est que ce grand Prêtre Samuel, nourri, dès son bas âge, au service de Dieu, ce grand Conseiller des Rois et de leurs Lieutenants, ce grand sacrificateur, après avoir sied en son pontificat trente ou quarante ans, a quitté le monde pour aller regner avec Dieu : *Quis suscitabit nobis prophetam fidelem?* Qui nous éclaircira désormais ès choses de la foi? Qui nous y donnera désormais quelque bon avis et conseil?

C'est que ce grand soleil et ce luminaire majeur, que Dieu nous avoit fait éclairer et reluire au firmament de l'Église, illuminant non le seul hémisphere de son Diocèse, mais du monde tout en soi, rien pour soi, tout pour autrui, s'est éclipsé, ou pour parler plus correctement obscurci.

C'est que ce grand Prophete Hélie, le zélateur de l'honneur de Dieu, l'esprit duquel à l'occasion du malheur du temps l'avoit fait sortir des Cours des Rois et des Princes, abandonner les grandes et populeuses Villes, et fait renoncer aux grandes prélatures, pour se venir tapir à l'abri de notre solitude et dans nos sablonieres; le zèle et dévotion duquel nous ont tant de fois garanti contre les fléaux et décochements de l'ire de Dieu, comme la peste, la dysenterie, la guerre, après s'être de tout temps courageusement opposé à ceux qui vouloient anéantir la liberté de l'Église Gallicane et Catholique, nous a été enlevé, et ravi sur le commencement du carême, pour mettre fin à ses jeûnes, en un jour de Dimanche, pour donner commencement à son repos, à l'entrée du printemps, pour jouir des délices printanières du Ciel, *raptus est, ne malitia mutaret intellectum.* Et ne nous ayant laissé pour tout gage, que le manteau de son Corps, plût à Dieu que comme je lui ai rendu assez long-temps le service d'Élisée, j'eusse aussi mérité, en recevant la dernière bénédiction, qu'il me donna mourant, *factus esset in me spiritus duplex :* afin de vous pouvoir discourir tous ses mérites : puisqu'aussi je ne sais par quel esprit prophétique j'avois été averti de son départ, comme Élisée de celui d'Hélie. Car en même temps qu'il tomba malade, il me fut avis en sommeillant que je le voyois porter en terre, en même façon que vous l'avez vu cejourd'hui. Les larmes qui ruisselèrent de mes yeux m'occasionnèrent de m'éveiller en sursaut : peu de temps après on m'apporta la nouvelle de sa maladie. J'y accourus : mais qu'ai-je vu ? Un grand et horriblement sanglant combat entre deux forces très-puissantes : l'une se nomme la vie, montée, équipée, armée, ayant néanmoins force défauts et prises ; l'autre montée sur un grand cheval blanc, tout cousu et décharné, et elle, qui ressemble plutôt une carcasse et anatomie sèche, qu'un Chevalier tenant un dard en sa main pour ruer des coups mortels, *cui nomen mors.* Le champ de bataille a été le suppôt d'un grand et rare Prélat, leurs armes et boucliers invisibles. Il y a eu plusieurs spectateurs ; on a écrit de toutes parts, pour avoir nouvelles forces, diverses monstres de processions ont été dressées, plusieurs coups ont été rués, la bataille a duré un ou deux mois. Finalement la mort s'appercevant qu'elle n'en pouvoit venir à bout, se résout d'user d'une ruse et stratagême de guerre, c'est de boucher le conduit des eaux, comme fit Holopherne devant Béthulie, ou d'arrêter le canal des ruisseaux, pour en ouvrant les digues, submerger tout. Et ainsi fut suffoqué notre grand Capitaine, ainsi éclipsa notre soleil : et moi je m'écriai : O mort, malheureuse mort, détestable mort, traîtresse mort, ennemie de notre bien, jalouse de notre enbonpoint, envieuse de notre repos, inflexible, inexorable, implacable, impitoyable, irréconciliable, qui nous as ravi notre bien, qui nous as dérobé notre bonheur, et as ôté la vie à celui qui nous donnoit la vie, indigne qu'on t'aye jamais dédié ni Temple ni Autel : car disait Orphée *ουτε γαρ εὐχαῖς σοῦ πειθει μενος οὖτε λιταισι. O mors quam amara recordatio tui!* qui fais blêmir et trembler d'effroi les plus vaillants, qui n'as pour regne que le pays de claquedent, pour sujets, que les morts pâlifiés, pour loix que l'immutabilité et insensibilité, pour guerdon, que le déplaisir, pour chant que regrets, pour breuvage que larmes, pour mets que la cendre, pour habits que deuil, pour habitation que ténèbres, pour parents que les vers et la pourriture, *putredini dixi mater mea et foror mea vermibus, subter te sternetur tinea, et vermis erit operimentum tuum.*

Siccine separat amara mors, faut-il qu'ainsi le troupeau perde son Pasteur, les enfants leur pere, le monde son soleil, et moi, mon Seigneur, mon Maître, mon Prélat, et mon Mécenas, pour ne le voir jamais, pour ne l'ouir jamais?

Grave jugum impositum est super filios Adam. O fâcheux départ, ô séparation étrange, quitter ce qu'on aime, rompre paille avec ce qui nous est si cher, dissoudre cette société du corps et de l'esprit, faire divorce d'un si assuré mariage, démanteler un bâtiment si bien cimenté. Avons-nous bien tant de mérite en l'endroit de Dieu, n'étant point encore au monde, pour la seule faute de notre premier Pere.

Utinam de utero translatus ad tumulum. Que mon berceau ne m'a-t-il servi de biere, mon premier drapeau de suaire, et mon premier jour, que n'a-t-il été le dernier, pour ne voir ce dont la vue me prive de vue.

Omnis caro fœnum ; et omnis gloria ejus quasi flos fœni. Ce n'est que moquerie, ce n'est qu'un jouet de fortune : notre vie n'est qu'une pure farce σκήνη πᾶς ὁ βιος, ναι παίγνιον, dont disoit, à bon droit, Flacus dans Philon, *deceptus sum profectò : umbræ non res erant, et fallaces species illudentes oculis ; nunc velut experrectus nihil invenio.* Ce n'étoit pas sans raison que le Philosophe disoit, que la nature s'étoit montrée mere aux animaux, marâtre à l'homme, de prolonger la vie aux bêtes si long-temps, qui ne sont que pour l'homme, et la raccourcir si fort à l'homme. Misérable, semble être la condition de ces petits vers, que le Philosophe appelle éphémérides, pour ne vivre qu'un jour. Mais combien est pire celle de l'homme ; eu égard, que bien qu'ils naissent dans un élément qui consume tout leur âge, dure pour le moins autant que le cours du soleil sur l'hémisphere : mais l'homme n'a âge quelconque déterminé, *nec certo persolvenda die. Numerus mensium apud te est ;* semblable à la fleur de lin, à l'écume de la mer, à la toile d'araignée, à un postillon, à un navire voguant, chargé de pommes, à des feuilles, à un bouillon, à une fléche, appelant à cette occasion les Grecs d'un même nom la vie et la fléche, λιος. *Sicut sagittæ in manu potentis, ita filii excussorum.* Dont disait le moqueur Lucien bien à propos θνητα τα τῶν θνητῶν, και παντα παρέρχεται ημᾶς.

Tels et semblables étoient mes regrets, et mon esprit ressemblant les insensés et maniacles alloit tressuant, travaillant et cherchant raison où il n'y en avàit point, comment il se pouvoit faire qu'un corps si sain et si entier, un esprit

si vif et si prompt, une ame si sainte, un si bon pere eût
ainsi laissé ses enfants orphelins.

Quelque temps après avoir essuyé mes larmes, je recollige
mes forces, je huche mon esprit, rappelle mon courage, me
ressouvenant de ce qui advint jadis à Rome, c'est que leur
premier Roi Romulus ayant assemblé son Conseil hors la
Ville, un orage intervint, qui les dissipe et sépare tous;
après lequel néanmoins tous étant revenus en icelle, le Roi
se trouve à dire. Les yeux ne fournissent point assez de larmes, il n'y a point assez de drap noir pour témoigner le
deuil; les Dames ne peuvent recevoir aucune consolation.
Sur ces entrefaites survint Julius Proculus, qui ayant assuré
les Romains qu'il l'avoit vu assis parmi les Dieux, le peuple
se console et se réjouit que leur Roi ait reçu cet honneur; et
croyant qu'il ne leur servira pas de peu en cette cour céleste : tout de même, moi je suis la route qu'il a tenu, et
furetant là-haut parmi les bienheureux esprits, je ne cesse
jusqu'à ce que je le reconnois, (*erat autem hujusdem visus*).
Oniam qui fuerat summus sacerdos, virum bonum, et benig-
num, verecundum, visu modestum, moribus et eloquio deco-
rum, et qui à puero in virtutibus exercitatus fit, manus pro-
tendentem orare pro omni populo.

Ne crois pas, mon Bazadois, que je te veuille vendre des
cassades : je te puis assurer, que Dieu ennuyé d'avoir donné
tant de fatigue à notre bon Seigneur et Prélat, l'a enlevé là-
haut, pour le salarier et guerdonner de la récompense qu'il
avoit promise, disant, *euge serve bone et fidelis, intra in*
gaudium Domini tui, veni de libano et coronaberis, et que
comme un autre Onias à qu'il il ressemble, non moins en
vertu et en perfection, qu'en charge de prélature, il prie in-

cessamment pour toi, et continue ce qu'il avoit commencé
pour toi en ce monde. Les preuves en sont trop évidentes et
certaines ; la vie qu'il a mené ; une jeunesse vieille ; une vi-
rilité religieuse et toujours occupée ; une vieillesse mûre, ou
comme parle saint Chrysostôme, *canicies juvenescens ;* et finalement une mort glorieuse, le tout accompagné de tant de
zele de l'honneur de Dieu, de charité envers le prochain,
d'un soin incroyable de sa charge, et de tant d'autres per-
fections, qu'il sembloit un prototype de vertu, attendu la
promesse à laquelle Dieu même s'est attaché par la bouche
de l'Apôtre : *Gloria et honor omni operanti bonum,* voir par
sa propre bouche, *qui me confessus fuerit coram hominibus,
confitebor et ego eum coram patre meo.* Que si tu as la patience que je le te die et explique par le menu, car il n'y
a pas meshui de danger, encore bien que jusques ici il m'en
ait empêché en diverses occurrences, disant St. Chrysostome in St. Eustatium : *Caret omni periculo prædicatio, neque reprehendi potest laudatio : non enim jam conversionem
reformidat neque mutationem pertimescit,* attendu qu'autre-
ment on ne peut espérer aucun profit du silence, disant, le
même, *quoniam nullum emolumentum silentii aperte dicenda
mihi omnia esse video.* Voici en peu de mots :

Révérend Pere en Dieu, Messire Arnauld de Pontac, Seigneur des Maisons Nobles de Monbian, Hautbrion, Bifque-
tan, et autres, Prieur de Mons, Doyen de Saint-Emilion,
Conseiller du Roi en son Conseil d'Etat et Privé, Evêque de
Bazas, Doyen des Prélats de France. Fut fils de Monsieur
M. Jean de Pontac, Seigneur de Sales, Scaffefort, la Prade,
et autres places, Notaire et Secrétaire du Roi, Greffier Civil
et Criminel au Parlement de Bordeaux, et qui mourut Doyen

des Officiers de la Couronne de France. Lequel étant aîné de la Maison et Famille des Pontac, une des premieres Maisons de France pour la Robe et pour l'Epée, *nam provinciam totam inclitæ familiæ nobilitas complectitur*, encore que le Poëte dise : *Nam genus et pro avos, et quæ non fecimus ipsi, vix ea nostra voco*, et qu'Ælian se moque de ceux qui cherchent leur gloire en leurs parents, écrivant que *Marii et Catonis parentes ignorantur ;* néanmoins, puisque la vertu est plus recommandable, quand elle est comme héréditaire en une Maison, et qu'on prise plus le fruit, quand on sait la souche, il est à remarquer qu'icelui sieur Greffier eut de sa premiere femme Demoiselle Belon, cinq enfants ; l'aîné, le sieur de Pes, et duquel la fille fut mariée avec le Comte de Carlus, fort proche du Roi à présent régnant ; l'autre le sieur d'Escassefort, restant encore sieur de la Prade, et Greffier ; le troisieme, le sieur M. Raimond de Pontac, Seigneur de Sales, et Président aux enquêtes, l'honneur de l'intégrité de la Cour de Parlement de Bordeaux ; Messire Arnauld de Pontac, et Pierre de Pontac, Chevalier de Malte, lequel mourut audit lieu, pour la défense de la Foi. Icelui faisant profit de ce beau Conseil de Platon : *Nescitis quò seramini, qui cum studio pecuniis cumulandis incumbitis, filios, quibus ea relicturi estis, negligitis,* n'eut rien tant en recommandation, que de bien nourrir et élever ses enfants. C'est pourquoi, après les avoir fait instruire au College de Guienne, sous ces grands personnages Gelida et Goucanus, envoya les deux de Sales et de Bazas, pour lors encore fort jeunes, à Paris : et après avoir fait beaucoup de profit aux bonnes Lettres, de-là à Toulouse, pour apprendre la Jurisprudence. Là, il advint que comme en même temps nâquit cette con-

tention de Religion, il s'adonna fort soigneusement à la Piété
et Théologie, à quoi il fut piqué par la hantise qu'il eut avec
M. de Serés, Théologal de Toulouse, Gentilhomme que Dieu
avoit fait sortir du fin fond du Bas-Limousin, comme un autre Joseph, pour en ce malheureux temps pourvoir à la nourriture de cette Ville Religieuse; et se joignit à lui avec tant
d'affection, que ledit sieur Théologal étant tombé malade, il
déroboit à son logis le souper, et le dîner, pour le lui porter; chose que maintes fois a été dite et réitérée à sa louange,
par un des premiers du Sénat. Il entra souvent en dispute
avec des Ministres de la prétendue, ou entr'autres une fois
un d'iceux voulant braver sur la langue Hébraïque, il lui
montra qu'il n'y savoit pas seulement lire. Tout ceci donna
un merveilleux présage de sa piété, probité et grandeur;
voulant croire que tout ainsi que celui qui mit le soleil dans
son sein, comme rapporte Hérodote, devint grand Roi; aussi
lui, pour fourrer sa poitrine de science, arriveroit à quelque
grade d'honneur, notamment au pere, qui présagea par là
que Dieu l'appelloit à quelque chose de grand. C'est pourquoi il se résolut le dédier à Dieu : et à ces fins ayant fait
un voyage à Toulouse, et assisté aux disputes du sieur Président de Sales, envoya le sieur de Bazas derechef à Paris,
pour étudier en Théologie, et à la langue Hébraïque, le bail-
lant en charge au sieur Génebrard, qui depuis est mort Ar-
chévêque d'Aix; sous lequel il profita tellement, que dans
peu d'années, et en l'an 1566, il mit en lumiere un com-
mentaire sur Sophonias, et autres Prophêtes, tournés de
l'Hébreu; et l'année après, sa Chronologie qui fut, peut être
cause audit sieur Génebrand de l'insérer puis après dans la
sienne, et n'en faire qu'une œuvre, comme chosé faite par

ledit sieur, sortant de sa disipline ; et ne se voulant, ledit
sieur son Pere, arrêter en si beau chemin, pour le perfec-
tionner en ce qui est de l'ordre Ecclésiastique, se résolut de
l'envoyer à Rome : et pour ce faire prenant occasion du
voyage du sieur de Rambouillet, que le Roi envoyoit Ambassadeur vers sa Sainteté, le fit prier de le vouloir recevoir
en sa compagnie. Ce qu'ayant obtenu, le sieur défunt s'y
comporta tellement, que combien qu'il ne fût son serviteur
domestique, néanmoins il n'en avoit point qui fût plus délibéré ni plus prompt à lui faire service, mêmement à la
charge de Secrétaire, à laquelle il affectoit de se stiller. Et
bien qu'il s'y rendît très-assidu et comme captif, cet escla-
vage néanmoins ne suffisoit pour arrêter ce bel esprit, non
plus que l'air le soleil : car il ne restoit pourtant de remarquer et coucher par écrit tout ce qu'il voyoit ou oyoit.
J'en ai vu quelquefois quelques fragments du journalier,
mais non sans admiration d'une si exacte peine et travail.
Il n'omet point de visiter tous ceux qui avoient acquis quelque recommandation aux lettres, dë façon qu'ayant ledit
sieur Ambassadeur pris la route de Marseille, passant par
Valence, il alla visiter le Docteur Cujas, à qui la Jurisprudence a tant d'obligation, qui fut très-aise de le voir ; et en
signal de son contentement, l'ayant convié à souper, il y
appela tous les plus beaux esprits qui fussent en l'Université, et entr'autres l'honneur de notre Guienne : durant lequel, comme de propos délibéré, tous ces jeunes gens l'eussent vivement et rudement attaqué de divers propos, il se
désengagea si sagement de cette mêlée, que chacun s'en
alla très-bien édifié de lui. La preuve qu'il fit auprès dudit
sieur Amaassadeur de son esprit, soin et diligence, le fit

merveilleusement recommander à tous dans Rome. Il lui arriva aussi un bonheur en la même Ville, où les Lyons s'étoient montrés reconnaissants des bienfaits reçus par des esclaves aux Sablonieres d'Afrique; c'est que d'autant que le Dataire; lors qu'il passa en France avec le Cardinal Alexandrin, avoit logé chez ledit sieur de Pontac son pere : et desireux d'en avoir quelque revenche, le contraignit de prendre son logis qu'il avoit hors le Palais : et depuis continuant cette même faveur et amitié, facilita tellement l'accès vers sa Sainteté, que toutefois et quantes qu'il vouloit avoir audience du Pape, il l'introduisoit à même qu'il avoit parlé des signatures.

Porté qu'il est de ces deux aîles ou arcboutants, il dresse tellement ses comportements, qu'il se rend en peu de temps admirable à tous. Il entretient un honnête train; et encore bien que le sieur son pere ne lui donnât pas grand état, et que de cela même il en rognât une bonne partie pour entretenir des gens de Lettres, à qui il le faisoit tenir en France, néanmoins il paraissoit honnêtement, n'omettant rien de la civilité et honnêteté humaine : va voir MM. les Cardinaux, visite souvent l'Ambassadeur, négocie de grandes et graves affaires pour des Seigneurs de France; comme entr'autres du Cardinal de Bourbon; à l'occasion de quoi il le fait son Protonotaire, et eut depuis tant d'accès et de pouvoir chez lui et sur lui, que lors que ses propres neveux vouloient obtenir quelque chose, il falloit qu'il fût leur Avocat et intercesseur. Son habilesse parut encore plus en ce qu'il savoit si bien marier la négociation des affaires avec les Lettres, que l'un ne lui faisoit point oublier l'autre; tellement qu'on ne l'appeloit point communément que le Docteur François.

Le Pape Gregoire XIII avoit en ce même temps érigé trois Congrégations des plus Savants qu'il put recouvrer, l'une pour la correction de la Bible; l'autre de l'Histoire des Centuriateurs, et la troisieme du Droit Canon. Il est appellé en toutes trois, non sans une preuve signalée de son savoir et étude, qui est cause qu'en une d'icelles, en laquelle présidoit le grand Cardinal Hozius, comme on ne lui donnoit point assez d'attention, lui départit brusquement et en Gascon, que si cela lui coûtoit tant comme à lui, il desireroit avoir audience. Depuis il fut contraint pour l'urgence de quelques affaires, faire un voyage en France, lesquelles étant expédiées, il s'en retourna à Rome, où derechef il se jeta aux mêmes et ordinaires exercices, mais sur-tout à la dévotion, se faisant promouvoir au grade de Docteur en Théologie, en l'an 72. Surquoi venant à vaquer l'Evêché de Bazas; le Clergé ayant fait élection de lui, et le Roi l'ayant nommé, le Pape Gregoire en ayant senti le vent, ne peut assez se conjouir avec lui, publiant tout haut, que dorenavant il commençoit à avoir bonne espérance de la France, puis qu'on appelloit et nommoit aux Evêchés des personnages de tel mérite, et si rompus aux affaires. Car tels sont à desirer d'être promus à telles charges, vu que, comme disoit Nazienzene, *nautarum mos est, ut gubernatorem non subito faciant, sed per omnia nautica exerceant.* Et l'ayant appellé à soi, comme l'accès lui en étoit fort facile, lui défend de s'adresser à autre, pour faire le rapport au consistoire. Lui-même donc se rend son solliciteur et rapporteur; ne veut point qu'il fasse aucune attestation, *de vita et moribus,* le louc et paranymphe : veut et requiert qu'on lui donne ses dépêches *gratis.* Quelque temps après, et le jour Saint-

Emilion, tout ainsi que l'année précédente, il avoit dit à Rome sa premiere Messe; à pareil jour il est sacré par le Cardinal Pelvé, Archevêque de Sens, à l'occasion de quoi et en reconnaissance et action de graces de ses bienfaits, il legue au chapitre de St. Emilion, la somme de 1500 liv. pour, de la rente en faire dire une Messe à pareil jour. Finalement ce qui eut occasionné plusieurs autres, avec les attraits que donnent ordinairement les grandes Villes et grandes Cours, mêmement celle de Rome, qui faisoit dire au Poëte : *Nec me turba juvat, nec templo lætor eburno. Romanum satis est posse videre forum,* de ne bouger de là, cela le contraignit plutôt de s'en sortir, *spretis Urbicæ luxuriæ delitiis :* piqué du desir de faire sa charge, et couper par ce moyen le filet de cette belle fortune qui l'attendoit, comme de l'Archevêché de Narbonne, (car ayant vaqué bientôt après en Cour de Rome, et à la disposition du Pape, il protesta qu'il eût desiré le lui conférer) : voire, il pouvoit avoir le chapeau de Cardinal; d'où quelquefois en riant, il me disoit, que si c'eût été chose qu'il eût fort envié et affecté, il étoit en son pouvoir d'y arriver, sans y employer ni Prince ni Monarque. Il part donc de Rome en l'an 73, où il lui advint ce qu'on dit être arrivé à Anacharsis : c'est que les Scytes ne le reconnoissoient point étant revenu de Grece, à cause qu'il avoit changé de mœurs : ainsi lui pour avoir merveilleusement bien cultivé sa vie, est quasi méconnu. Il se transporte en la présente Ville, où il est reçu d'un favorable accueil d'un chacun, comme apert par la harangue prononcée par notre Maître Caillau, Religieux de St. François, et imprimée à Bordeaux; et fait son entrée en la présente Ville, à pareil jour que le Sauveur du Monde au Ciel : où, comme

un habile pilote, il donne ordre à la corruption des mœurs
de son Diocese : mais sur-tout commençant par le Temple,
comme Notre Seigneur, pacifie ce mauvais ménage qui avoit
été entre son prédécesseur et le Clergé ; et le manie tellement, que jusques à la fin de ses jours, ce n'a été qu'un
même jugement, affection et volonté. Voyageant en Cour,
il y est le très-bien venu : on le fait Conseiller d'Etat et
Privé : la Reine mere le prend en si grande affection, qu'elle
se communique confidemment à lui, et lui découvre ses plus
secrets secrets ; ce qu'elle continua toujours, même aux derniers Etats de Blois, devant mourir. L'amitié de laquelle, si
elle lui avoit été d'un côté honorable, lui fut bien aussi dé-
savantageuse et préjudiciable, quand à son occasion le Roi
Henri III révoque l'élection qu'il avoit fait de lui, pour être
Chancelier de France. Etant de retour de la Cour, le soin et
diligence qu'il porte à la conservation de la Ville, la bien-
heure bien tant, que tandis qu'il y demeure, Dieu ne per-
met point qu'elle tombe entre les mains de l'ennemi. Pré-
voyant néanmoins que tout étoit bandé et Ciel et Terre, et
que leur dessein n'étoit que de l'attrapper, tâche comme un
sage Loth de se préserver de l'orage et embrâsement, et se
retire à Bordeaux, sa chere Patrie, où Bazadois, tu sentis
bientôt après le malheur de son absence, par la prise et ruine
de ta Ville ; et appris combien est vrai le dire de St. Chrysostome : *Inhabitantium virtus, et pietas, hœc est dignitas,
et ornatus, et tutela civitatis.*

Pour cela, il ne peut oublier ce qui est du bien et salut de
son troupeau ; tantôt, ramassant les bris ; assemblant divers
Synodes, tantôt à la Réolle, tantôt à Monségur, tâche d'em-
pêcher la démolition de l'Eglise, en faisant offre de donner

argent : sert aux Lieutenants de Roi de conseil, au sieur
Amiral, au sieur Maréchal de Matignon, à ses diocésains de
support, et à tous de guide et d'instruction : tellement que
sa porte est d'ordinaire aussi battue que celle de l'Eglise;
de façon que s'il a quelque affaire ou dépêche, il faut qu'il
l'aille faire aux champs. Il procure l'assemblée du Concile
de Bordeaux, et y est député de la part du Roi avec M. l'Archevêque de Vienne; assiste aux assemblées du Flech et de
Nérac; sollicite et importune tant, qu'enfin la Ville de Bazas
est remise. Remise qu'elle est, comme un sage Zorobabel,
en rebâtissant l'Eglise, fait rebâtir le Château Episcopal, afin
que l'épée soutienne la truelle, et n'a eu cesse qu'il ne l'aie
redressée en l'état que vous la voyez. Que si l'édifice n'est
du tout accompli et parfait, il a néanmoins acquitté sa promesse, que mort ou vif il s'acheveroit, ayant légué une
bonne somme de deniers, que vous saurez bientôt par son
testament. Que si son dessein est suivi, je crois qu'il pourra
monter à 80 ou 100000 écus. Etant nommé de la province
de Guienne pour assister aux derniers Etats de Blois, comme
lors du garbouge, il eut appréhension qu'il ne fût du nombre
de ceux qui avoient été couchés sur le livre rouge, s'en court
aux Jacobins, où se tenoit l'assemblee du Clergé, et y ayant
rencontré les sieurs de Bourges et d'Ambrun, avec force autres Prélats, qui avoient pris l'épouvante, tâche de les ras-
surer, et leur fait prendre quelque bonne et sainte résolution. Ce que n'ayant pu obtenir, voir ni les arrêter, s'en entre dans l'Eglise, attendant sa derniere sentence; et voulant
mourir, si mourir il falloit, bien préparé et disposé se con-
fesse, et munit des Sacrements. Il lui arrive néanmoins tout
áu contraire de ce qu'il craignoit. Car sa probité et la bonne

odeur de sa vie lui avoient acquis tant de faveur auprès du Roi, qu'en même temps il est recherché de vouloir entreprendre les amenances de la Princesse de Lorraine, mariée avec le grand Duc de Toscane. Le Roi lui fait toutes les démonstrations de privauté qu'il peut, jusques à le requérir un jour de vouloir fiancer une fille d'honneur de la Reine : et eut cette patience d'attendre jusques à ce qu'on lui eût apporté son rochet, combien qu'il y en eût d'autres qui fussent plus prêts, et qui lui enviassent cette faveur. En outre lui accorda le placet et brevet de la résignation de l'Archevêché de Bordeaux : bref, lors de son départ l'accola et l'embrassa avec tant d'affection, en disant, M. de Bazas, soyez-moi, je vous prie, bon serviteur, je vous serez bon Roi; que ce bon Seigneur m'a assuré souvantes fois, qu'il en demeuroit tout honteux lors qu'il s'en souvenoit.

Finalement, voyant que les affaires étoient troublées, renonçant à toutes les prétentions dudit Archevêché, bien qu'il en eût toutes les dépêchss nécessaires, voir expédiées en Cour de Rome, de peur d'engager par trop sa conscience, se range ici en notre Ville. Néanmoins le temps, par la miséricorde de Dieu, s'étant un peu resserrené, Sa Majesté le presse de la venir trouver : la Province pareillement le députe pour assister à l'assemblée du Clergé. A l'occasion de quoi s'étant mis en chemin, comme il est averti que ladite assemblée est différée, entreprend un voyage vers Rennes, où il avoit quelques affaires à expédier. Là il y est accueilli généralement de tous les Corps de ladite Ville, non comme Evêque, mais éommé Apôtre. Il y fait quelques exhortations en donnant le Sacrement de Confirmation avec un merveilleux contentement, et applaudissement de tous. Les ennemis cependant qui avoient su son départ de la Guienne, prennent avantage de-là, font courir force faux bruits en Cour. Il s'y achemine, après avoir donné quelque ordre à sesdites affaires de Rennes, et visite en passant le sieur du Mans, ce grand pilier de l'Eglise Françoise : le Roi l'accole et l'embrasse, et le fait importuner par M. le Chancelier, de se vouloir trouver au Conseil. Il préside ordinairement à l'assemblée du Clergé, de laquelle il est député vers le Cardinal de Florance, Légat du Saint Siege, et depuis Pape, surnommé Léon XI; il assiste à l'entrée solemne qu'il fait dans la Ville de Paris. Ce fait, il s'en retourne ici, d'où depuis il n'est parti, vaquant perpétuellement à ce qui étoit de sa charge et de son étude, étant visité de tous les Prélats de la Guienne, comme de MM. le Cardinal de Sourdis, l'Archevêque d'Auch, l'Evêque d'Agen, et autres.

Vie, comme tu vois, exemplaire, heureusement commencée, plus heureusement conduite, très-heureusement finie et terminée; vie qui a été comme un firmament parsemé d'étoiles, parterre diversifié de toute sorte de fleurs, un jardin enrichi de toute espece de simples, une boutique assortie de toutes odeurs, généralement un fondique de savoir, de vertu, de conseil, une tour de David, *omnis armatura pendebat ex ea.* Personnage riche pour autrui, épargnant pour soi; tout pour autrui, et rien pour soi; riche des biens de fortune, de faveur, d'honneur, mais beaucoup plus des biens de l'esprit. Car comme c'est ce maître ressort, qui meut et gouverne cette horloge; ce Roi qui se fait remarquer sur toutes les puissances et facultés du corps comme ses sujets; ce Dieu qui gouverne et maîtrise tout, il n'y a pas de doute que les richesses de l'esprit ne soient in-

finiment plus préférables que celle de fortune. Desquelles,
dit St. Chrysostome, in St. Lucianum, *απιστος η χρῆσις,
αβέβαιος ἡ ἀπόλαυσις, ἐπικύνδινος ἡ κτίσις*, que notre Bor-
delois Duduc tourne, après nous avoir fourni jusques ici le
grec inconnu, *infidus est usus, fructus instabilis, periculosa
possessio;* voire que ce sont celles seules qu'on doit rechercher, disant, le même, *monumenta enim Sanctorum, non
loculi sunt et thecæ, sed res præclarè gestæ, ac fidei zelus et
sana apud Deum conscientia.*

Platon disoit que les Dieux s'étoient servis de divers mé-
taux pour forger les esprits des hommes, d'où j'inferrerai
volontiers, que si ceci doit avoir lieu aucun, le sien étoit
tout or. Car c'étoit le bel esprit, le plus prompt, le plus ex-
péditif, le plus émérillonné, le plus inventif, qui se vit on-
ques : et qui non-seulement, comme dit un jour un grand
Personnage de notre Guienne, sembloit avoir recueilli tout
l'esprit de sa famille. Et si l'opinion de ce Philosophe étoit
recevable, qui vouloit qu'il n'y eut qu'un esprit qui avivât
les hommes, il sembloit faire en lui sa principale résidence.

Esprit extrêmement soigneux, car il ne désigna guere jamais d'aller en aucun lieu, qu'il n'y arrivât à l'heure qu'il
avoit projeté : devant qui rien ne passoit, voir en son ex-
trême maladie, qu'il ne mit ou fit rédiger par écrit : d'où
souvent ce grand Archevêque de Lyon n'aguere décédé,
l'appelloit *lou pai dous paperots,* donnant même cela en pré-
cepte à tous ceux qui vivoient auprès de lui. Partie vraiment
digne de celui qui a quelque charge ; mais principalement
de ceux qui sont mis en l'Eglise pour servir d'échauguetes,
comme sont les Evêques ; partie aussi qui les recommande
sur toutes autres, lorsqu'ils s'en acquittent dignement : vu

que les oisons furent jadis sacrés à Rome, pour avoir par leur vigilance aidé à conserver le Capitole.

Esprit qui avoit de merveilleuses conceptions, et qui revêtues de la parole, ressembloient les eaux des bains, qui tiennent de la nature et propriété du minéral, par où elles passent, si bien elles rapportoient la richesse et grace de bien dire, naturelles; temoins les harangues faites devant Sa Majesté, au nom du Clergé; les prédications ordinaires, qu'à bon droit on peut nommer Oracles, n'y ayant rien de commun, rien de trivial, rien d'affêté, ainsi des conceptions toutes relevées et extraordinaires, jusques-là qu'il disoit toujours mieux lorsqu'il étoit moins prêt.

Esprit qu'il avoit cultivé d'une infinité de belles sciences et de bonnes lettres, comme de Mathematique, Jurisprudence, Théologie, lecture de tous les bons livres; de laquelle il étoit merveilleusement avide, et glouton de la connoissance des langues, mais notamment de l'histoire, disant avec Diodore, *cetera monumenta ad parvum tempus perdurant variis casibus perturbata, historiæ virtus per universum orbem diffusa ipsum, quod cetera consumit, tempus custodem sui habet :* et qui l'enrichissoit de plus en plus journellement en lisant, dictant et écrivant jusques au dernier jour de sa vie, voir, ajoutant qu'il falloit qu'un bon courage prit cette résolution.

Pulchrumque mori succurit in armis.

Esprit doué d'un beau et sein jugement et prudence admirable; laquelle, comme ainsi soit que ce soit la principale piece, et le sel que Dieu demandoit en tous les sacrifices :

Nullum numen abest, si fit prudentia.

c'est aussi ce qui le faisoit remarquer et rechercher de tous :

c'est ce qui faisoit dire à Arthabanus, parlant à Xerxes, *bene
consultare imperio luchrum esse maximum :* d'où venoit que
les Lieutenants de Roi l'avoient pour leur conseil, et le sieur
Amiral de Villars le choisit, outre ce, pour être tuteur hono-
raire de ses petits enfants de Montpezat, et ce non sans cause
et sujet. Car il avoit des regles de négocier, extrêmement
propres et salutaires ; c'est comme il parloit, faire la guerre
à l'œil, faire parler son homme, ne se découvrir jamais ; et
pour lui, ne parler que par truchement et personne inter-
posée, comme font ces grands politiques de la Chine, ou
comme Dieu, qui ne se communique que par Eléments mi-
toyens ; bref, ayant d'ordinaire en bouche, *si in utroque pec-
candum, malim videri magis cautus, quam minus prudens.*

Esprit doué d'une grande prévoyance, qui est à l'ame ce
que les yeux sont au corps ; et de laquelle, Bazadois, tu sentis les effets lors de la derniere contagion, qui, ayant ravagé
toutes les Villes circonvoisines, n'osa attaquer la tienne, tant
elle se trouva bien remparée et munie par le bon ordre qu'il
avoit donné, soit en aprêt de drogues, soit de personnes qui
eussent la superintendance, soit des loges et autres commodités nécessaires à ceux qui en seroient frappés. Mais, sur
tout, les pauvres lors de la famine, qui continua de deux à
trois ans, ont vu que sa prévoyance trouva moyen de fournir du pain tous les jours, bien que le bled fût fort rare, et
qu'il ne s'en y trouva point.

Esprit qui étoit toujours en action, et de qui on pouvoit
dire :

Igneus est olli vigor, et celestis origo ;

et lequel à cette occasion il falloit perpétuellement, comme

un feu, entretenir et fomenter ou d'affaires ou de la lecture
de quelque livre; voire même quand il sortoit pour s'égayer;
de façon qu'on l'eût toujours trouvé ou priant Dieu, ou étu-
diant, ou parlant d'affaires; et qui plutôt que d'être trouvé
oisif, eût remué, comme Diogenes, son tonneau : tellement
qu'étant un jour à la Prade, maison appartenante à son
Pere, n'ayant à quoi occuper ses gens, leur fait tirer l'eau
du fossé : allant par pays et courant la poste, il étudie les
Epîtres de Saint Paul.

Duquel la conversation étoit si douce, qu'on pouvoit dire
autant de lui, que disoit l'Orateur François d'un grand Cardinal, *ipsis gratiarum manibus effictus*, ou de Titus, que
c'étoit les délices des hommes, riant à tous, accueillant tous
avec une maniere inimitable, et traitant non-seulement le
paysan en paysan, l'homme de lettres en homme de lettres,
le noble en noble; mais encore entretenant chacun en homme
du métier, avec des discours propres à telle profession et
métier : vertu qui n'est pas de petite recommandation, disant St. Chrysostome, *omnis virtus bona est, maximè autem mensuetudo, et clementia; hæc nos homines indicat : hæc
nos Angelis æquiparat.*

S'il s'étoit étudié d'embellir son esprit et intellect, il n'a-
voit pas été moins soigneux de redresser sa volonté; c'est
ce qui l'avoit rendu si composé en ses mœurs et passions :
voir de colere, que combien qu'il dit qu'un homme étoit une
bête, qui ne savoit se courroucer, attendu que selon Clé-
ment, *mel bilem generat, et quod dulce, contemptum,* lui
néanmoins fuyoit toutes les occasions de colere et courroux,
comme de visiter les offices de sa maison : car aussi disoit
St. Bazile, *duo periculosi scopuli, amor et ira.* Que s'il en

étoit quelquefois épris, il se donnoit bien garde de battre et frapper personne, de crainte, disoit-il, de faire ses gens prêtres par telle imposition de mains : voire d'en faire aucun semblant, suivant le conseil de Pytagore, *tollendum vestigium ollæ.*

Il avoit accoutumé de ranger dans les regles de la sobriété ce cruel et insatiable créancier du ventre : car il ne mangeoit que deux fois le jour, ne buvoit que bien trempé, jeûnoit deux jours de la semaine, mais sur-tout gardoit exactement les jeûnes ordonnés par l'Eglise ; bref, comme disoit Platon, n'avoit soin du corps, que *propter harmoniam.*

Observateur exact de la chasteté, témoin cette Demoiselle, qui pour s'apprivoiser avec lui, lui découvroit les desseins et entreprises de son mari contre sa personne : à qui, comme un sage Joseph, il aima mieux quitter la place, qu'acquiesser à ses impudiques amours : vertu certainement digne de grande recommandation, selon ce que dit Saint Athanase, *gravis exercitatio, dificilis continentia :* s'il est vrai que la vertu ou plus arduc et difficile qu'elle est, soit aussi plus prisable. C'est pourquoi ce n'est pas de merveille, si Strabon raconte *plerosque Thraces esse fine uxoribus, quos* τιςας, *id est creatores nominant, sanctificatosque et* ἀβιου, *est minimè vivos.* Car aussi mennent-ils une vie angélique et surnaturelle. Laquelle recommandation paroît d'autant plus grande, qu'il y a difficulté en l'observation d'icelle : voire qu'elle surpasse le martyre, disant Saint Chrysostome, *virginitas magnum quoddam martyrium ante martyrium videtur : sunt enim crudeles quidam carnifices corporis voluptates, imò verò carnificibus crudeliores : nam vinculis torquent non manufactis.*

Ajoutez à tout ceci cette grande patience, soit à endurer les adversités qui lui arrivoient, soit du Ciel, soit des hommes. Je sais plusieurs avoir attenté sur sa vie, néanmoins il ne leur fit point pire chere, quand ils le venoient voir. Il s'est repenti souvent d'avoir mis quelqu'un entre les mains de la Justice. Bref, quand il lui arrivoit quelque douleur, il n'usoit point de ces rodomontades carabinesques, desquelles Possidonius, qui étant alité et étant visité par Pompée, s'écrioit : *nil agis dolor, nunquam te confitebor malum;* ainsi de ces beaux traits du Psalmiste, *Domine, ante te omne desiderium meum,* ou, *et à te quid volui super terram?* Et une infinité d'autres semblables.

Il n'y a rien qui corrompe tant l'état de l'ame que la vaine gloire, dont je ne sais si ce seroit point quelque mystere, ce qui est rapporté par Pline, *esse in Afriqua quandam veneficam, quæ inficiat homines laudando :* car il n'y a rien qui infecte et altere tant les esprits que la vaine gloire. D'où disoit Jamblicus, *meminissè oportet arrogantiam, jactabundam non esse ullo modo propriam veris spiritibus, atque bonis.* Ne jugez-vous pas que Thémistocle avoit perdu la trempe d'une belle âme, lorsqu'étant interrogé *quam vocem libentius audiret,* il répond, *ejus, à quo sua virtus predicaretur :* et si en outre il advient qu'on ne se fait pas seulement tort à soi, mais aussi à autrui : d'où disoit Seneque, que *superbia furtum stultissimum :* car par la vaine gloire on dérobe l'honneur qui est dû à Dieu; et on préjudicie grandement à soi-même, contrevenant à l'Ordonnance de Dieu, qui veut, *nesciat sinistra, quid faciat dextera,* et à qui il advient souvent par telle jactance, que les œuvres méritoires, dignes de la gloire éternelle, sont rendues vaines, inutiles et venteuses, pour être éventées. C'est pourquoi avertissoit sagement ce Dieutelet sa Psyche, touchant le fruit qu'elle avoit dans le ventre; savoir, qu'elle engendreroit, *si texiris nostra secreta silentio, divinum : si prophanaveris mortalem.* C'est donc l'humilité qui fait en lui, qu'il ne prend point plaisir qu'on lui dédie aucun livre, compose force livres néanmoins sous le nom d'autrui. Il me défendit très-expressément qu'en l'ouverture de l'Ecole de Théologie, que je fis en la présence de toute la Cour de Parlement de Bordeaux, je ne fisse aucune mention de lui, bien que ce fut lui qui l'eût érigée, et que pour son entretenement il dépensa 1000 à 1200 liv., fournit de l'argent à force jeunesse, pour s'entretenir aux études : néanmoins ne veut point qu'ils sachent que c'est lui. Ne croyez pas toutefois que ce fut quelque fade humilité, provenante d'un cœur lâche et moins viril ; ainsi, semblable au rocher d'Arpasa, ville d'Asie, qui bouge, mu du doigt, resiste poussé de la force du corps. Bien qu'il se montrât humble, ne laissoit pas pourtant de paroître courageux au besoin. C'est lui, qui des premiers, porta la parole à Sa Majesté, de la part du Clergé, avec la résolution et courage qu'il convenoit ; c'est lui qui a aidé à mettre en liberté le Clergé, et qui répondit un jour au Conseil de Sadite Majesté, qu'il portoit aussi bien, *par la grace de Dieu,* en ses titres, que le Roi ; que l'Eglise maintenoit autant l'autorité du Roi par censures, que pouvoit faire le Roi celle de l'Eglise par armes.

C'est une grande tentation que de se priver des commodités présentes, *Beatus vir,* dit le Psalmiste, *qui post aurum non abiit :* il paroît assez combien il avoit relevé son ame de la terre, libéralisant ses moyens. Il fournit tous les ans,

durant même qu'il est à Rome, 700 liv. au sieur Génebrard,
jadis son maître, qu'il rogne de la pension que le sieur de
Pontac son pere lui donnoit : lui prête en outre 1000 écus,
pour avoir les provisions de l'Archevêché d'Aix; il entretient
deux Lecteurs en Théologie à Bordeaux, à l'un desquels il a
donné quelques années jusques à 700 liv. de gages. Voire
étant devenu inutile pour la lecture, à cause de quelque pa-
ralysie qui l'avoit saisi, ne laissa pourtant de lui bailler an-
nuellement 4 à 500 liv. de pension : il nourrit force pauvres
Ecoliers à Paris; envoie souvent de l'argent aux Séminaires
des pauvres Ecoliers; quitte à ses débiteurs jusques à 3 ou
400 écus.

Le zele qu'il eut envers Dieu est assez témoigné par ces
traits qu'il avoit ordinairement en bouche : rien ne me pique
que quand il y va de l'honneur de Dieu. Et afin que vous
connoissiez qu'il y avoit plus que des paroles, il se départ
du droit et prétention fondées sur la résignation qu'il avoit
sur l'Archevêché de Bordeaux, de peur d'offenser Dieu, et
sa conscience : n'épargne rien à rebâtir l'Eglise, et proteste
que mort ou vif il la fera parachever.

Il entreseme ses discours de quelque propos concernant
Dieu. Mais avec quelle affection (je vous prie de vous en
ressouvenir), recourut-il ce nouveau Prosélite, l'Avocat
Berjonneau, pris et mis à rançon par quelques Soldats, au
préjudice de la profession de foi qu'il venoit de faire de la
Religion Catholique, faisant prendre les armes à chacun de
nos citoyens, pour le rédimer de prison? Quel soin et diligence rapportât-il pour faire que l'exercice de la Religion
Catholique fût remis au Béarn, soit à donner des instructions
et mémoires à ceux qui étoient députés vers Sa Majesté, soit

à leur procurer de bons et doctes Prédicateurs, soit à les gager et payer leur viatique, soit à leur fournir tous bons livres, comme de controverse, des livres spirituels, de Catéchismes et de Chapelets? J'eus cet honneur d'y avoir été commis un des premiers : il ne se contenta pas de me bailler argent pour faire mon voyage; mais outre ce, il me donna une pleine malle de ces livres et chapelets : et si continua de m'en envoyer, tout autant qu'il s'y trouva de commodité durant que j'y étois.

C'est l'amour de Dieu qui lui échauffa les flancs de la charité envers le prochain. Il ne contrôle jamais ses gens pour argent, qu'ils disent avoir employé en aumônes; nourrit l'espace de deux ou trois ans dix-huit cents ou deux mille pauvres tous les jours; il donne d'ordinaire aux Religieux passants la douzaine ou vingtaine d'écus : aux gens de lettres nécessiteux la cinquantaine ou centaine d'écus. Josephe, liv. 20 de ses Antiquités, fait état que *Helenæ charitas enituit in sustentanda fame Judeorum.* Mais combien est plus recommandable la sienne, qui non-content d'avoir refusé l'hérédité du sieur Thausede, Capitaine de la présente Ville, lui persuadant de la donner aux pauvres, emploie en bled, pour leur nourriture, 7 ou 8000 écus en deux ans; fait tenir le rôle de tous les pauvres de sa terre de Gans, afin de les assister?

C'est aussi d'où venoit cette dévotion, qui fait qu'il ne prie jamais qu'à genoux, et tête nue. Il commence la journée par ses heures; oit tous les jours Messe; la dit tous les Dimanches; rend graces à table, toujours debout; sort et entre en sa chambre par l'Eglise; supporte impatiemment d'être interrompu sur l'heure des prieres.

Sa Charge lui est à merveilleuse recommandation : il prêche tous les Dimanches de l'Avent et du Carême, depuis par importunité de ses serviteurs et amis, à cause de son âge, il se restreint aux jours solemnes; visite son Diocese incessamment, procure la convocation du Concile Provincial de Bordeaux; n'épargne aucun moyens, ni or, ni argent, pour retirer du bourbier de l'hérésie ceux qui s'y sont enfondrés. Il affectionne bien tant son troupeau, que lors de la grande peste il ne le voulut jamais abandonner, vaquant perpétuellement en oraisons, processions, psalmodies, prédications, et autres œuvres de dévotion. Bref, il ne confere jamais bénéfice, qu'au préalable il ne s'en soit conseillé à Dieu par priere et oraison.

Finalement, d'autant que la principale preuve de l'homme c'est la mort, *ubi ceciderit lignum, ibi erit,* et en laquelle, comme la nature fait ses derniers efforts, aussi la vertu ses essais. Vous avez vu ses déportements durant sa vie, peu ce qui se passa pendant sa mort. Tels furent ses grands élancements de patience lors des assauts de ses plus piquantes douleurs : fortifié de beaux traits de l'Ecriture, *sitivit in te anima mea. Deus meus in te speravi. Adjuva Deus infirmitatem meam. Domine ante te omne desiderium meum,* etc.

Telle fut la réunion et réconciliation avec un sien proche, qui nonobstant le procès et inimitié qui étoit entr'eux, l'ayant requis de vouloir trouver bon qu'il le vît, il le lui accorda fort volontiers, oubliant tout ce qui étoit passé : voire lui demanda sa bénédiction, offrant de lui donner la sienne.

Telle fut cette dévotion singuliere que chacun reconnut en lui, voulant toujours ouir parler de Dieu, ou entendre la lecture de quelque livre spirituel; notamment au desir et affection qu'il avoit à la réception des Sacrements. Comme je lui eus dit un soir, que je le voyois recourir à beaucoup de remedes, que peut-être il vaudroit mieux recourir au Souverain, il me répondit qu'il entendoit bien où je visois; savoir, à faire ses Pâques; qu'il le vouloit, et par ainsi que je me tinse prêt au lendemain matin : auquel bien qu'il fut fort débile, et que je l'eusse fait attendre assez long-temps, il m'appelle à soi et demande à se confesser. Vous saurois-je exprimer la doléance et contrition qu'il témoigna avoir de ses péchés, prononçant trois fois *quia peccavi*, lorsqu'il récitait son *Confiteor*. Ce fait, je dis la Messe, et à la fin d'icelle je lui portai le Saint-Sacrement : lors il le prit entre ses mains, et lui adressant sa parole, lui dit les mots suivants : *O salutaris hostia, ô panis salutaris, victima verè salutaris : quæ humano generi salutem peperisti, salutaris viris, salutaris feminis, salutaris vivis, salutaris mortuis, salutaris hominibus, salutaris Angelis. Ergo quæ omnibus salutaris, fis mihi salutaris.*

Telle fut l'instance qu'il fit à MM. du Chapitre de Bazas, illec assistants, de ne l'abandonner point, ni de relâcher les prieres et psalmodies, auxquels nous vaquâmes depuis les sept ou huit heures du matin jusques aux sept du soir. Voire les dernieres paroles qu'il prononça, furent qu'on redoublât les prieres quelque temps apres; et cependant que nous disions, *suscipe Domine servum tuum,* et ce qui s'ensuit, il rendit l'ame.

O malheur, ô désastre! excusez Seigneur, si ce mot m'est échappé, et si j'ai eu la hardiesse de me plaindre; car à qui me puis-je plus justement plaindre qu'à vous? Ni quel sujet nous avez-vous donné jamais plus suffisant de ce faire que celui-ci? Vous nous avez ôté notre joie, et vous ne voulez pas que nous nous attristions? Vous nous avez fait éclipser notre soleil, et vous trouverez mauvais que nous disions que nous sommes en ténèbres? Vous avez privé cette pauvre Eglise de son époux, et elle ne chargera point le deuil de son veuvage? Vous nous avez ravi notre pere, et nous ne nous essaierons pas de le rappeller par nos cris?

Pater mi, pater mi, currus et auriga Israel.

Si tant est que vous et lui daigniez nous exaucer. Car combien en aurions-nous plus de sujet de le demander, que ces premiers Chrétiens parlant à votre Apôtre, et le priant de vouloir resusciter Thabita trepassée, *ostendentes ei tunicas et vestes, quas faciebat illis.* Il n'y a celui d'entre nous qui n'ose vous assurer qu'il tient pour la plus part de lui, après vous, et les commodités temporelles et spirituelles; qui ne lui doive en partie la conservation de sa vie; de qui la bource a toujours été déliée, la table couverte, la main ouverte pour un chacun. Vous savez trop mieux, Seigneur, (si faut-il néanmoins que nous vous le confessions), que cette pauvre Ville, (pauvre à vrai dire pour son assiette, riche néanmoins de miracles que vous y avez fait dès le commencement du Christianisme, et des faveurs que vous avez fait rosoyer sur icelle), qu'elle n'est remise à votre service que par son zele et industrie. Mais ce lieu où nous faisons retentir vos louanges, rasé ces années passées jusques aux fondements, qui l'a rebâti et redressé, que notre bon Prélat? Nous pouvons nous souvenir de vous, que par même moyen nous ne le nous représentions? C'est pourquoi nous vous pourrions bien dire ce que disoit la Madeleine, *si fuisses hic, si fuisses hic, si* nous ne vous avions offensé par trop; si nous n'eussions méchamment provoqué et éperonné votre ire et colere; si nous eussions été dignes d'un si bon pere; si vous nous eussiez aimez; si vous eussiez vu nos larmes et regrets, vous ne nous eussiez pas ainsi traités : *Pater noster non esset mortuus.* Une chose nous console, que vous ne frappez que pour guérir; attristez pour réjouir; tuez pour resusciter. C'est pourquoi il vous plaira nous appointer un petit mot de requête, contenant deux chefs, l'un pour lui, l'autre pour nous; pour lui, que comme vous avez les yeux si clairs, que vous voyez jusques aux plis et replis de nos ames, que quoique les Anges ne se souillent en aucune ordure, néanmoins on dit de vous, que *in angelis suis reperit pravitatem*, que vous ressouvenant de quoi vous nous avez bâtis et moulés, mettant en exécution les privileges de votre miséricorde, sans avoir égard à la rigueur de vos loix et justice, s'il a apporté quelque noirceur de cette terre d'Egypte, où il a demeuré par votre commandement l'espace 60 ans, *tu venia misericordissimæ pietatis absterge.* Plâtrez et vermeillonnez de votre sang, prix de notre rachat, les taches de sa face, si aucunes en y a. Et comme il vous a logé en ce monde à ses dépens dans ce St. Temple, vous, en revanche, le logiez la haut, *in templis non manufactis, ubi habitas.*

Pour nous, qui sommes vos vassaux éplorés, attristés et désolés, puis que ainsi vous plaît, qu'attendu que nous commandez qu'on chérisse et favorise les veuves, vous ayez compassion de cette pauvre Eglise et Diocese. Et puisque vous avez voulu nous rendre orphelins, nous nous puissions assurer que, *tibi derelictus est pauper, orphano tu eris adjutor.* Et attendu que vous nous avez privé de notre bon Maî-

tre et Prélat, ce soit votre bon plaisir de nous prendre sous
votre protection et sauvegarde.

Et vous sainte ame, vous voilà en possession de ce que
vous souhaitiez tant, car vous disiez d'ordinaire, que vous
ne vouliez rien acheter que Paradis; et après avoir quitté
les ténébres de ce monde, êtes entré en la lueur Céleste.
Hélas! que nous raffrechirions bien volontiers nos larmes,
et redoublerions nos sanglots et regrets, n'étoit qu'il sem-
bleroit que nous portions envie à votre bonheur. Est-il néanmoins question que vous mettiez en oubli du tout vos amis,
et qu'enyvré de gloire et de soulas, à l'exemple d'Hester et
de Judith, vous ne vous souveniez de ceux que vous avez
laissés engagés et assiegés au monde? C'est pourquoi, vous
n'oublierez pas ceux qui ne vous oublieront jamais, tant
pour les bienfaits reçus de vous, que pour ce saint et sacré
dépôt de votre Corps, que vous nous avez laissé, et qui tous
les jours de leur vie renouvelleront ce souhait. *Sit tibi terra
levis, sit tibi pœna levis.*

LETTRES-PATENTES,

Qui donnent à ARNAULD DE PONTAC, entrée et voix délibérative, non-seulement au Parlement de Bordeaux, mais encore dans toutes les Cours Souveraines du Royaume.

HENRI, par la grace de Dieu, Roi de France et de Pologne, à tous ceux qui ces présentes Lettres verront; SALUT. Comme les Evêques de notre Royaume, pour le respect de leurs dignités et fonctions, ayant de tous temps et ancienneté entrée et scéance en nos Cours de Parlement et aucuns d'iceux, outre le nombre des Pairs de France, opinion et voix délibérative, tant en Audience que Chambre de Conseil, de la présence et bons avis desquels notres Cours se sont trouvées, et souvent fortifiées et honnorées, et qu'à présent l'Evêché de Bazas, entre autres Evêchés de notredit Royaume, se trouve rempli de personne, qui est pour vous faire service et au public, non-seulement en sa profession et qualité d'Evêque; mais aussi pour son affection, conseil, opinion et voix délibérative en la Cour de Parlement de Bordeaux, dont ledit Evêché est proche, et en autres Cours Souveraines de notre Royaume, quand il se trouvera.

Savoir, faisons que nous, ayant égard et considération en sa probité, suffisance, prud'hommie et expérience, et littérature de notre amé et féal Conseiller, M. Arnauld de Pontac, Evêque dudit Bazas; et pour la confiance que nous avons de l'affection et fidélité qu'il nous a toujours montrée par les bons et recommandables services qu'il a ci-devant fait à feu notre très-cher sieur Frere et à Nous, tant à notre suite qu'à plusieurs grandes et importantes charges et commissions èsquelles il a été employé dedans et dehors notre Royaume, desquelles il s'est toujours acquitté à notre contentement. POUR CES CAUSES, et autres bonnes et grandes considérations à ce nous mouvant, avons de notre certaine science, grace spéciale, pleine puissance et autorité Royale, et propre mouvement, permis et octroyé; permettons et octroyons par ces Présentes, audit Evêque de Bazas : voulons et nous plaît, qu'il puisse et lui soit loisible, quand bon lui semblera, entrer en notredite Cour de Parlement de Bordeaux, et toutes nos autres Cours Souveraines de ce Royaume, y avoir séance et voix délibérative, tant ès assemblées ès Chambres, jours de Conseil, que de Plaidoirie, avec le rang et degré qui s'observe à l'endroit des autres Evêques-Conseillers-nés de notre Cour de Parlement; et généralement qu'il jouisse des honneurs, autorités, prérogatives, prééminances, facultés et privileges, franchises, droits et libertés concédées et accordées aux Archevêques, Evêques, Conseillers-nés en nosdites Cours de Parlement et Souveraines, et dont ils ont accoutumé de jouir : Si donnons en mandement, à nos amés et féaux, les gens tenant notre Cour de Parlement de Bordeaux, et toutes autres Cours Souveraines de ce Royaume, à chacun d'iceux, comme à lui appartiendra, que suivant notre permission et octroie, ils fassent enrégistrer, garder et observer ces Présentes, et en vertu d'icelles, reçoivent et admettent ledit Evêque de Bazas, et le fassent, souffrent, jouir et user desdites entrées, séances, opinions et voix délibératives, ensemble desdits pouvoirs, prérogatives, prééminances, facultés, privileges, franchises, droits et libertés des susdits; cessant et faisant cesser tout trouble et empêchement contraire : Car tel est notre plaisir; nonobstant quelconques ordonnances, mandement, défenses, restrictions, établissements de nosdites Cours, Lettres et autres choses à ce contraires; à toutes lesquelles nous avons, pour cette foi seulement, sans tirer en conséquence ni y préjudicier, en autre chose déroger, et dérogeons, et aux dérogatoires des dérogatoires y contenues par cesdites Présentes, en témoin de quoi nous avons fait mettre notre scel à cesdites Présentes. Donné à Paris le vingt-cinquieme jour de Septembre, l'an de grace, mil cinq cent soixante-quinze, et de notre regne, le deuxieme. Enregistrées par Ordonnance de la Cour pour jouir par ledit sieur de Pontac, Evêque de Bazas, du contenu à icelles Lettres, suivant la volonté du Roi. A Bordeaux, en Parlement, le 26 Novembre 1575.

Extrait des Registres de Parlement. Collationnées et signées, *DE MONTALIER.*

CATALOGUE

Des Ouvrages composés par ARNAULD DE PONTAC,
Evêque de Bazas.

1°. ABDIAS, JONAS et SOPHONIAS, cum Caldhæa paraphrasi, et commentariis Salomonis jarrhii, Aben-esræ, et David Kimhii, Latine et accessionibus ex Theologis christianis ab Arn. Pontaco, Paris. 1566, in-4°. Il avoit dessein de donner un semblable ouvrage sur les autres petits Prophetes; mais d'autres occupations l'en ont apparemment empêché.

2°. CHRONOGRAPHIA à Christo nato, ad annum 1566, Paris. 1566, in-folio, it. Lavanii 1570, in-12, it. augmenté par Génebrard, Archevêque d'Aix, à la priere de Pontac, Paris 1585, in-folio, et d'autres fois depuis.

3°. EUSEBII Pamphili, Episcopi Cæsariensis, S. Hieronimi et S. Prosperi Episc. Aquitanici chronica ab Abraham ad ann. Christi 449. quorum illud Eusebii Latine, tantum ex S. Hieronimi versione prodit. edente cum notis Arnaldo Pontaco, Burdigalæ 1604, in-folio.

4°. DECOUVERTE des Faussetés et Erreurs de Duplessis, Bordeaux 1599, in-8°. Il publia cet ouvrage sous le nom de Guy Dupuy, son aumônier.

5°. MERVEILLES de 440 Faussetés, avec la Manifestation de la nouvelle secte de Duplessis, Bordeaux 1600, in-8°.

6°. DESAVEU de ceux de la Religion réformée contre Duplessis, Bordeaux 1601, in-8°.

7°. LETTRE de M. de l'Ange, Conseiller de Bordeaux, écrite de Rome, contre les Jésuites : elle se trouve à la P. 64. du Plaidoyer de Dumesnil, pour l'Université.

8°. REMONTRANCE du Clergé de France, prononcée devant le Roi, le 3 juillet 1579.

Vide Gallia Christiana. Colomesii Gallia orientalis, Dupin, Bibliotheque des Auteurs Ecclésiastiques.